EDITORA
intersaberes

O selo DIALÓGICA da Editora InterSaberes faz referência às publicações que privilegiam uma linguagem na qual o autor dialoga com o leitor por meio de recursos textuais e visuais, o que torna o conteúdo muito mais dinâmico. São livros que criam um ambiente de interação com o leitor – seu universo cultural, social e de elaboração de conhecimentos –, possibilitando um real processo de interlocução para que a comunicação se efetive.

Classes e movimentos sociais: uma perspectiva do serviço social

Edyane Silva de Lima

Conselho editorial
Dr. Ivo José Both (presidente)
Dr.ª Elena Godoy
Dr. Neri dos Santos
Dr. Ulf Gregor Baranow

Editora-chefe
Lindsay Azambuja

Supervisora editorial
Ariadne Nunes Wenger

Analista editorial
Ariel Martins

Copidesque
Ghazal Edições e Revisões

Edição de texto
Floresval Nunes Moreira Junior
Gustavo Piratello De Castro

Projeto gráfico
Laís Galvão

Capa
Laís Galvão (*design*)
Evgenia Parajanian/Shutterstock
(imagem)

Diagramação
Studio Layout

Equipe de *design*
Laís Galvão
Charles L. da Silva

Iconografia
Celia Kikue Suzuki
Regina Claudia Cruz Prestes

Dados Internacionais de Catalogação na Publicação (CIP)
(Câmara Brasileira do Livro, SP, Brasil)

Lima, Edyane Silva de
  Classes e movimentos sociais: uma perspectiva do serviço social/Edyane Silva de Lima. Curitiba: InterSaberes, 2019.
  (Série Formação Profissional em Serviço Social)

  Bibliografia.
  ISBN 978-85-5972-978-8

  1. Assistência social 2. Movimentos sociais 3. Serviço social I. Título. II. Série.

19-23615   CDD-303.484

Índices para catálogo sistemático:
1. Movimentos sociais: Sociologia   303.484
  Maria Alice Ferreira – Bibliotecária – CRB-8/7964

1ª *edição, 2019.*
Foi feito o depósito legal.

Informamos que é de inteira responsabilidade da autora a emissão de conceitos.

Nenhuma parte desta publicação poderá ser reproduzida por qualquer meio ou forma sem a prévia autorização da Editora InterSaberes.

A violação dos direitos autorais é crime estabelecido na Lei n. 9.610/1998 e punido pelo art. 184 do Código Penal.

Rua Clara Vendramin, 58 ▪ Mossunguê ▪ CEP 81200-170 ▪ Curitiba ▪ PR ▪ Brasil
Fone: (41) 2106-4170 ▪ www.intersaberes.com ▪ editora@editoraintersaberes.com.br

Sumário

Apresentação | 7
Como aproveitar ao máximo este livro | 10

1. **Estado, sociedade civil e sociedade capitalista: compreensões teóricas | 17**
   1.1 Estado e sociedade civil | 19
   1.2 Estados modernos | 27
   1.3 Sociedade capitalista | 40
   1.4 Classes sociais | 51

2. **Movimentos sociais e organizações sociais | 71**
   2.1 Movimentos sociais | 73
   2.2 Movimentos sociais no Brasil | 78
   2.3 Organização da sociedade civil | 91
   2.4 A atuação do serviço social nas organizações sociais | 95

3. **Classes e movimentos sociais no Brasil | 105**
   3.1 Classe trabalhadora e movimentos sociais | 107
   3.2 Construção de sujeitos coletivos nos novos movimentos sociais | 113
   3.3 Movimentos sociais e o advento da internet | 117

4. Direitos humanos, movimentos sociais e serviço social | 135
    4.1   Lutas pela ampliação dos direitos humanos | 137
    4.2   Controle social | 145
    4.3   Serviço social e sua inserção na classe trabalhadora | 155
    4.4   Direitos humanos: possibilidades para o projeto ético-político dos assistentes sociais | 159

Estudo de caso | 175

Para concluir... | 179

Referências | 181

Respostas | 195

Sobre a autora | 199

Apresentação

Para entendermos os movimentos sociais sob a perspectiva do serviço social, das classes sociais e de suas relações no seio do capitalismo, devemos nos reportar primeiramente à história e aos clássicos da teoria política, porque é de fundamental importância compreender os contextos histórico, econômico, social e cultural nos quais os movimentos sociais — e todas as complexas ligações entre eles — estão inseridos.

Para isso, nos quatro capítulos desta obra, abordaremos os movimentos sociais em âmbito histórico, no Brasil e no mundo, permeando suas relações com o conceito de *classes*. Além disso, analisaremos algumas das expressões contemporâneas dos movimentos sociais e, de maneira geral, alguns meios de atuação do serviço social em relação às organizações da sociedade civil.

No **Capítulo 1**, analisaremos, basicamente, alguns expoentes da filosofia política, como Thomas Hobbes, John Locke, Jean-Jacques Rousseau e Karl Marx, considerando que as concepções de Estado e sobretudo suas funções para com a população são essenciais; posteriormente, observaremos os fenômenos sociais contemporâneos. Além disso, abordaremos, em linhas gerais, o modo de produção vigente (capitalista) e suas bases, construindo um conhecimento (desde a historicidade) pautado nos conceitos de Estado, *sociedade civil* e, por fim, *sociedade capitalista*.

No **Capítulo 2**, discutiremos os aspectos históricos e teórico-conceituais dos movimentos sociais, considerando que devemos compreendê-los desde sua origem no mundo e no Brasil, bem como entender seus fundamentos. Abordaremos também a ligação desses movimentos com as organizações sociais – vínculo que surge da necessidade de reivindicar questões específicas relativas a temas como meio ambiente, gênero e segmentos populacionais (mulheres, idosos, crianças, adolescentes, entre outros). Vale ressaltar que, em termos gerais, um movimento social alude à ação de um grupo (organizado ou não) que pretende tornar públicas as demandas sociais que refletem os valores dessa coletividade.

No **Capítulo 3**, destacaremos a relação da classe trabalhadora com os movimentos sociais, bem como os conflitos com a classe burguesa, que, embora sejam permeados por antagonismos político-ideológicos – históricos no campo das relações sociais –, merecem destaque para a compreensão dos movimentos sociais. Estudaremos também as expressões de organização desses movimentos nas redes sociais.

Por fim, no **Capítulo 4**, o tema central serão os direitos humanos no Brasil e no mundo, os quais abordaremos sob uma perspectiva histórica até a contemporaneidade. Analisaremos também a inserção do serviço social na classe trabalhadora, bem como a relação entre ambos e o vínculo intrínseco que o serviço social mantém com as lutas dessa classe. Veremos, de maneira geral, as fases de construção dos direitos por cidadania e de que forma o serviço social contribuiu para isso com seus pressupostos de projeto ético-político.

É importante destacar que esta obra é voltada para os movimentos sociais e a construção da sociedade, com seus respectivos conceitos e perspectivas históricas. Por isso, adotamos uma visão crítica humanizadora, imprescindível ao assistente social, mas sob um viés direcionado à análise da formação, da organização e da importância desses movimentos.

Como aproveitar ao máximo este livro

Este livro traz alguns recursos que visam enriquecer seu aprendizado, facilitar a compreensão dos conteúdos e tornar a leitura mais dinâmica. São ferramentas projetadas de acordo com a natureza dos temas que vamos examinar. Veja a seguir como esses recursos se encontram distribuídos no decorrer desta obra.

Conteúdos do capítulo:
- Conceitos de Estado e de sociedade civil.
- Noção de Estado sob a perspectiva de diversos teóricos.
- Tipos de Estados.
- Tipos de governo.
- Formação, causas e consequências do capitalismo.
- Formação da sociedade capitalista ao longo da história.

Após o estudo deste capítulo, você será capaz de:
1. compreender como o Estado, é visto atualmente e a formação desse conceito ao longo da história;
2. descrever as funções do Estado nas sociedades;
3. identificar o que é sociedade civil e sua importância para a democracia;
4. distinguir os tipos de governo e de Estado e as características de cada um;
5. determinar, desde a Pré-História, como a sociedade capitalista se formou;
6. analisar os pressupostos do capitalismo, bem como suas causas e suas consequências.

Conteúdos do capítulo

Logo na abertura do capítulo, você fica conhecendo os conteúdos que nele serão abordados.

Após o estudo deste capítulo, você será capaz de:

Você também é informado a respeito das competências que irá desenvolver e dos conhecimentos que irá adquirir com o estudo do capítulo.

Importante!

Alguns exemplos de instituições da sociedade civil:
- grupos ambientalistas;
- órgãos de defesa do consumidor;
- grupos em defesa das minorias;
- associações profissionais.

Assim, em certa medida — e numa perspectiva mais moderna —, podemos dizer que a sociedade civil garante a representação popular nas decisões do Estado, o que garante também a essência de nossa sociedade, que é a democracia.

Mas nem sempre foi assim, pois, ao longo da história, essas concepções mudaram muito, refletindo cargas filosóficas de cada época e de cada sociedade acerca do papel do Estado e da sociedade civil. Por isso, a seguir, estudaremos como ocorreu o desenvolvimento da relação entre essas duas esferas sob a perspectiva dos estudiosos mais relevantes do assunto.

Veremos que, ao longo da história, os conceitos de Estado e de sociedade civil variam de forma relacionada ao momento histórico e à vertente teórica adotada para compreendê-los.

1.1.1 Thomas Hobbes (1588-1679)

Thomas Hobbes foi matemático, filósofo e teórico político que defendeu que o ser humano vive em um estado de natureza que pode ser comparado ao dos animais, movido por impulsos. Assim, para o filósofo, os homens têm desejos e, uma vez que as coisas não estão disponíveis para todos, há uma constante predisposição para a guerra pela propriedade (Gruppi, 1980).

Para impedir uma destruição generalizada, há a necessidade de formação de **contratos**, por meio dos quais os seres humanos

Importante!

Algumas das informações mais importantes da obra aparecem nestes boxes. Aproveite para fazer sua reflexão sobre os conteúdos apresentados.

Perguntas & respostas

Nesta seção, a autora responde a dúvidas frequentes relacionadas aos conteúdos do capítulo.

1.1.4 Émile Durkheim (1858-1917)

O sociólogo francês Émile Durkheim, considerado o pai da sociologia, formulou suas teorias com grande influência teórica do positivismo, dedicando-se a compreender os comportamentos coletivos da sociedade; para isso, ele usou a observação e a experimentação como metodologias.

Perguntas & respostas

1. **O que é o positivismo?**
   Elaborada por Auguste Comte, a filosofia positivista apregoa que é possível estudar o comportamento humano da mesma maneira que as ciências naturais, com métodos de observação e análise externa. Para o filósofo, a sociedade é regida por leis imutáveis e, por meio dessas constantes, é possível analisar o comportamento humano de modo geral.

O elemento central das teorias de Durkheim é o que ele nomeia *fato social*, que é uma "coisa", uma força que age no sentido de homogeneizar os comportamentos de massa, independentemente das vontades pessoais, de forma que os hábitos particulares agem num sentido que é benéfico para o coletivo, e os desvios nesse padrão são vistos como anomalias. Assim, a sociedade é comparada a um organismo vivo, que funciona perfeitamente bem, entendendo qualquer ameaça à sua coesão como uma patologia (Gruppi, 1980).

Em outras palavras, para esse autor, a sociedade é essencialmente homogênea, e é a divisão social do trabalho, com cada indivíduo cumprindo seu papel particular, que fortalece o funcionamento dela como um todo. Em analogia, para que um corpo funcione perfeitamente, todos os órgãos devem estar em adequado estado de funcionamento e, caso algum deles não realize sua função corretamente, será interpretado como um estágio de

Esclarecendo...

Constituição Política do Império do Brazil, de 25 de março de 1824

D. Pedro I participou ativamente da elaboração do texto constitucional, com o objetivo de estabelecer e manter seu poder de imperador. Ficou estabelecido um Poder Moderador, que concentrava a autoridade maior nas mãos do monarca. Entre as determinações da Constituição, o direito de voto foi estabelecido – baseado na renda das pessoas, o que privava a maioria da população dessa prerrogativa –, o catolicismo foi instituído como a religião oficial do Brasil, a Igreja ficou subordinada ao Estado e o Brasil permaneceu dividido em províncias. Além disso, foi definido que o imperador tinha direito de não responder juridicamente sobre quaisquer de seus atos e seu poder seria transmitido de forma hereditária (Brasil, 1824).

Constituição da República dos Estados Unidos do Brasil, de 24 de fevereiro de 1891

Foi a primeira Constituição brasileira após a Proclamação da República. Nela, ficou estabelecido que o Brasil era uma república federativa com 20 estados-membros e um governo central, embora a cada estado fosse dada certa autonomia. Os privilégios da monarquia e da burguesia foram extintos, definindo-se que todas as pessoas são iguais perante a lei e ninguém seria obrigado a nada senão em virtude da lei; os cidadãos teriam liberdade intelectual, moral e religiosa e ficariam responsáveis por seus próprios atos; o direito de voto foi dado a todos os indivíduos do sexo masculino, maiores de 21 anos e que não fossem mendigos ou não estivessem servindo o exército (Brasil, 1891).

Constituição da República dos Estados Unidos do Brasil, de 16 de julho de 1934

Foi criada com o objetivo de melhorar as condições de vida da população brasileira, mas mantendo as premissas da Carta

Esclarecendo

Nestes boxes, são apresentadas informações complementares referentes aos assuntos tratados no capítulo.

Síntese

Como pudemos perceber ao longo deste capítulo, o conceito de classe social nasceu com o modo de produção capitalista, uma vez que o resultado desse sistema são as relações sociais desiguais e a divisão da sociedade em classe trabalhadora (que tem sua força de trabalho explorada) e burguesia (detentora dos meios de produção).

Por isso, embora não possamos dizer que os movimentos sociais – grupos organizados de pessoas com interesses e causas em comum, com uma identidade que os liga coletivamente – estão diretamente vinculados à classe trabalhadora, é certo que ela foi protagonista de muitos deles no Brasil e no mundo.

Nesse sentido, verificamos alguns dos principais movimentos sociais que ocorreram no Brasil, desde a época da ditadura militar, quando houve uma desmobilização da sociedade civil e uma série de perseguições, seguidas de exílio ou morte de diversas pessoas que tinham participação política em movimentos sociais. Passamos brevemente pelos contextos dos governos seguintes, da eleição direta de Fernando Collor de Mello até as medidas polêmicas de Michel Temer, apresentando os movimentos sociais mais importantes de cada período e as demandas pelas quais eles lutavam.

Vimos também que muitas reivindicações extrapolam a dimensão de mediações de classes e englobam questões maiores, de necessidade de transformações concretas imediatas. Nesse contexto, observamos que a mídia tem papel central na formação da opinião das populações em geral, pois seus veículos são as principais fontes de informação das massas. Porém, com o surgimento da internet, as pessoas passaram de consumidoras passivas da informação a produtoras de informação, uma vez que, em suas redes, os usuários têm acesso a tudo que é compartilhado. Assim, a internet trouxe aos usuários uma liberdade de expressão como nunca antes vista. No Brasil, a internet ajudou na organização de vários movimentos contemporâneos, como o Movimento Vem Pra Rua e outros que lutam contra a corrupção.

Síntese

Você dispõe, ao final do capítulo, de uma síntese que traz os principais conceitos nele abordados.

Classes e movimentos sociais no Brasil

Para saber mais

BRASIL. Lei n. 13.467, de 13 de julho de 2017. **Diário Oficial da União**, Poder Legislativo. Brasília, DF, 14 jun. 2017. Disponível em: <http://www.planalto.gov.br/ccivil_03/_ato2015-2018/2017/lei/L13467.htm>. Acesso em: 9 jan. 2019.

Neste capítulo, abordamos a nova reforma trabalhista aprovada no Senado. Considerada por muitos uma reforma selvagem para com os trabalhadores e com finalidades que servem ao empresariado, a lei certamente será motivo de muitos novos movimentos sociais em nosso país.

Filmes

LULA, o filho do Brasil. Direção: Fabio Barreto. Brasil: Europa Filmes; Downtown Filmes, 2010. 130 min.

Baseado no livro homônimo da jornalista Denise Paraná, o filme mostra a trajetória da vida sindical e política de Luiz Inácio Lula da Silva, até ele chegar à presidência do Brasil, em 2003. Uma das características mais marcantes da obra é a maneira como a vida do personagem central é contada, tendo como pano de fundo os grandes acontecimentos sociais e políticos do país.

OLGA. Direção: Jayme Monjardim. Brasil: Lumière, 2004. 101 min.

Temática rara, assistindo ao filme *Olga*, podemos ter uma perspectiva do envolvimento do Brasil com a Alemanha nazista dos anos 1930-1940. A obra é uma representação da vida da militante comunista Olga Benário, que veio ao Brasil no ano 1935 acompanhando Luís Carlos Prestes, na tentativa de liderar uma revolução no país. Olga foi capturada e deportada à Alemanha nazista, onde morreu em uma câmara de gás.

Para saber mais

Você pode consultar as obras indicadas nesta seção para aprofundar sua aprendizagem.

Classes e movimentos sociais: uma perspectiva do Serviço Social

O ENCOURAÇADO Potemkin. Direção: Serguei Mikhailovich Eisenstein. Rússia, 1925. 72 min.

Em sua obra cinematográfica, o diretor Serguei Mikhailovich usa a representação de uma revolução que ocorreu em um navio (um fato histórico do ano 1905) como temática central para abordar o poder das manifestações populares, sobretudo sua grande capacidade de mudança. Há também abordagens sobre os pontos de divergência política entre direita e esquerda, entre Oriente e Ocidente e sobre injustiças sociais.

Questões para revisão

1. Sobre o conceito de *Estado* e seu processo de desenvolvimento histórico, analise as afirmativas a seguir e assinale V para as verdadeiras e F para as falsas.
   ( ) Locke propõe um Estado liberal, no qual o indivíduo tem liberdade econômica e social e o Estado não tem o direito de interferir na economia.
   ( ) Rousseau defende que não deve haver diferenças de poderes entre Estado e sociedade e que o diálogo entre essas duas instâncias deve acontecer por meio de assembleias. Além disso, ele propõe que deve existir isonomia jurídica, de forma que todas as pessoas sejam iguais perante a lei.
   ( ) Para Kant, o Estado deve assumir uma perspectiva conservadora e tem papel de manter a coesão social e a harmonia da vida em sociedade, ou seja, manter a classe operária submissa ao órgão maior: o Estado burguês.
   ( ) De acordo com Weber, todos os cidadãos devem ser vistos como iguais, regidos por uma lei maior, que respeite os princípios de liberdade e de dependência do povo. Além disso, o Estado, deve ser social, de forma que atenda aos interesses da população, sem ser indiferente aos problemas sociais.

Questões para revisão

Com estas atividades, você tem a possibilidade de rever os principais conceitos analisados. Ao final do livro, o autor disponibiliza as respostas às questões, a fim de que você possa verificar como está sua aprendizagem.

Questões para reflexão

1. Explique de que modo a consciência social e de classe pode estar vinculada aos movimentos sociais.

2. Como você analisa, na perspectiva estudada neste capítulo, as sete Constituições que tivemos, em meio a progressos e retrocessos em relação ao contexto em que foram escritas? Você considera possível que a nossa Carta Magna atual seja mais uma vez alterada e que os direitos dos cidadãos sejam novamente retirados? Justifique.

Questões para reflexão

Nesta seção, a proposta é levá-lo a refletir criticamente sobre alguns assuntos e trocar ideias e experiências com seus pares.

Estudo de caso

Esta seção traz ao seu conhecimento situações que vão aproximar os conteúdos estudados de sua prática profissional.

Estudo de caso

Articular mentes, criar significado, contestar o poder

Ninguém esperava. Num mundo turvado por aflição econômica, cinismo político, vazio cultural e desesperança pessoal, aquilo apenas aconteceu. Subitamente, ditaduras podiam ser derrubadas pelas mãos desarmadas do povo, mesmo que essas mãos estivessem ensanguentadas pelo sacrifício dos que tombaram. Os mágicos das finanças passaram de objetos de inveja pública a alvos do desprezo universal. Políticos viram-se expostos como corruptos e mentirosos. Governos foram denunciados. A mídia se tornou suspeita. A confiança desvaneceu-se. E a confiança é o que aglutina a sociedade, o mercado e as instituições. Sem confiança nada funciona. Sem confiança o contrato social se dissolve, e as pessoas desaparecem, ao se

CAPÍTULO 1

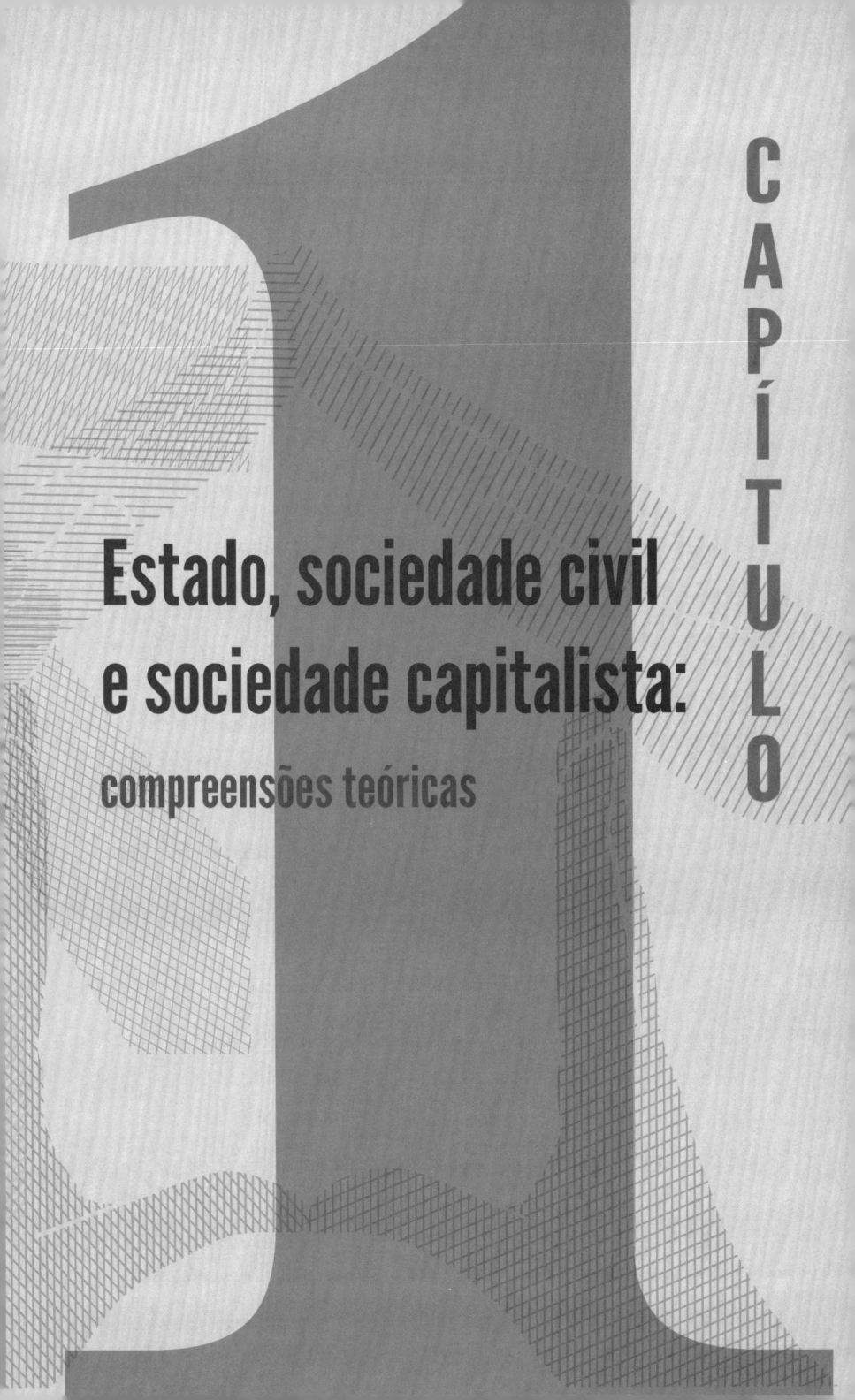

Estado, sociedade civil e sociedade capitalista:
compreensões teóricas

Conteúdos do capítulo:
- Conceitos de Estado e de sociedade civil.
- Noção de Estado sob a perspectiva de diversos teóricos.
- Tipos de Estados.
- Tipos de governo.
- Formação, causas e consequências do capitalismo.
- Formação da sociedade capitalista ao longo da história.

Após o estudo deste capítulo, você será capaz de:
1. compreender como o Estado, é visto atualmente e a formação desse conceito ao longo da história;
2. descrever as funções do Estado nas sociedades;
3. identificar o que é sociedade civil e sua importância para a democracia;
4. distinguir os tipos de governo e de Estado e as características de cada um;
5. determinar, desde a Pré-História, como a sociedade capitalista se formou;
6. analisar os pressupostos do capitalismo, bem como suas causas e suas consequências.

O modo de produção vigente em grande parte do mundo é o capitalista. Por isso, é importante conhecer as bases do capitalismo e como ele funciona.

Além disso, é preciso compreender como funciona a sociedade de maneira geral e, sobretudo três conceitos essenciais: (1) Estado, (2) sociedade civil e, por fim, (3) sociedade capitalista, uma vez que são essas três esferas e as relações estabelecidas entre elas que fazem com que a sociedade contemporânea funcione. Assim, neste capítulo, estudaremos esses três conceitos por meio da análise das bases filosóficas e políticas que os permeiam.

1.1 Estado e sociedade civil

De acordo com o dicionário Houaiss, Estado é definido como "[...] país soberano, com estrutura própria e politicamente organizado; [...] conjunto das instituições (governo, forças armadas, funcionalismo público etc.) que controlam e administram uma nação; [...] forma de governo, regime político; [...] divisão territorial de determinados países" (Houaiss; Villar, 2009).

É claro que há outras definições semânticas, mas nos ateremos apenas às que nos interessam, que relacionam o termo às formas de organização da sociedade e aos poderes políticos. Em outras palavras, podemos dizer que Estado é uma entidade de poder soberano que, dentro de uma determinada área (um país, por exemplo), impõe regras para governar uma população.

Por sua vez, a expressão sociedade civil refere-se a diversos componentes que, em essência, fazem a uma coletividade funcionar, ou seja, os alicerces sociais e as instituições que defendem os direitos sociais da população e também elementos sociais os direitos do povo. Dessa maneira, sempre que um grupo de cidadãos se une, em uma instituição organizada e coletiva, para reivindicar, tomar decisões públicas, defender direitos políticos e sociais ou propor demandas em favor da população, temos uma sociedade civil.

> **Importante!**
>
> Alguns exemplos de instituições da sociedade civil:
> - grupos ambientalistas;
> - órgãos de defesa do consumidor;
> - grupos em defesa das minorias;
> - associações profissionais.

Assim, em certa medida — e numa perspectiva mais moderna —, podemos dizer que a sociedade civil garante a representação popular nas decisões do Estado, o que garante também a essência de nossa sociedade, que é a democracia.

Mas nem sempre foi assim, pois, ao longo da história, essas concepções mudaram muito, refletindo cargas filosóficas de cada época e de cada sociedade acerca do papel do Estado e da sociedade civil. Por isso, a seguir, estudaremos como ocorreu o desenvolvimento da relação entre essas duas esferas sob a perspectiva dos estudiosos mais relevantes do assunto.

Veremos que, ao longo da história, os conceitos de Estado e de sociedade civil variam de forma relacionada ao momento histórico e à vertente teórica adotada para compreendê-los.

1.1.1 Thomas Hobbes (1588-1679)

Thomas Hobbes foi matemático, filósofo e teórico político que defendeu que o ser humano vive em um estado de natureza que pode ser comparado ao dos animais, movido por impulsos. Assim, para o filósofo, os homens têm desejos e, uma vez que as coisas não estão disponíveis para todos, há uma constante predisposição para a guerra pela propriedade (Gruppi, 1980).

Para impedir uma destruição generalizada, há a necessidade de formação de **contratos**, por meio dos quais os seres humanos

se submetem às vontades do Estado, que, por sua vez, tem a função de conter a natureza dos indivíduos e conservar a vida deles, com autoridade inquestionável.

Além disso, Hobbes defende que o próprio Estado não deveria estar sujeito às suas leis, porque isso significaria uma quebra em sua soberania. Então, como podemos notar, esse foi o principal representante teórico do que conhecemos como *Estado absolutista*, resultado da crise do feudalismo (séculos XVI ao XVIII), na Europa ocidental.

Para Gruppi (1980), o Rei Luís XIV foi o símbolo do Absolutismo com a frase "O Estado sou eu". Isso significa que o poder era concentrado na figura do rei, que, apoiado pela nobreza e pelo clero, governava e tinha o poder de intervir sem limites na vida econômica e social, de forma que suas decisões e leis eram arbitrárias.

1.1.2 John Locke (1632-1704)

Médico, biólogo e filósofo, John Locke é frequentemente citado como *pai do liberalismo*, uma vez que defende que o ser humano tem basicamente três direitos naturais: (1) vida, (2) liberdade e (3) propriedade. Para ele, o ser humano é livre na essência, embora, para o bem da sociedade em geral e a fim de garantir a propriedade, seja preciso colocar limites a essa liberdade. É aí que se configura a função do Estado, em contrato com a sociedade, assumindo a responsabilidade de garantir as liberdades e a segurança dos indivíduos, de modo que eles não violem a propriedade.

Contraposta à filosofia de Hobbes, a ideia de **Estado liberal** de Locke propõe que o indivíduo tem liberdade econômica e social, e o Estado não tem o direito de interferir na economia (Gruppi, 1980).

1.1.3 Jean-Jacques Rousseau (1712-1778)

Para o filósofo e escritor francês Jean-Jacques Rousseau, a sociedade é o próprio povo e também deve estabelecer **contratos** com o Estado para definir suas regras. Rousseau defende que não deve haver diferenças de poderes entre Estado e sociedade e que o diálogo entre essas duas instâncias deve acontecer por meio de assembleias. Para o filósofo, o ser humano só pode ser livre se todos forem considerados **iguais** e, para isso, é necessário um pressuposto de igualdade jurídica.

Em outras palavras, Rousseau argumenta que uma sociedade justa é aquela que garante direitos iguais para todos. Além disso, contrário à teoria de que o ser humano tem uma natureza essencialmente animal, o escritor pressupõe que o ser humano é essencialmente bom, em estado natural de felicidade, e que são as desigualdades e as mazelas sociais, resultantes dos privilégios de uns em detrimento de outros, que o tornam mau (Gruppi, 1980).

Importante!

Os pressupostos de Rousseau são os princípios da democracia, embora ainda não sejam o que fundamenta o Estado liberal e de direito que conhecemos. Este será inaugurado posteriormente, no século XIX, com bases teóricas em Max Weber, resultando no Estado liberal democrático que aprova os direitos sociais e que "capta recursos e investe no desenvolvimento econômico para garantir a manutenção desse sistema social" (Ferreira, 1993, p. 136).

Para resumir, podemos dizer que embora as teorias acerca do papel do Estado e da sociedade civil sejam diferentes para Hobbes, Locke e Rousseau, os três teóricos entram em consenso ao dizer que as relações entre essas duas instâncias devem ocorrer por meio de **contratos**; e é por isso que eles são conhecidos como *contratualistas*.

1.1.4 Émile Durkheim (1858-1917)

O sociólogo francês Émile Durkheim, considerado o pai da sociologia, formulou suas teorias com grande influência teórica do positivismo, dedicando-se a compreender os comportamentos coletivos da sociedade; para isso, ele usou a observação e a experimentação como metodologias.

Perguntas & respostas

1. O que é o positivismo?

Elaborada por Auguste Comte, a filosofia positivista apregoa que é possível estudar o comportamento humano da mesma maneira que as ciências naturais, com métodos de observação e análise externa. Para o filósofo, a sociedade é regida por leis imutáveis e, por meio dessas constantes, é possível analisar o comportamento humano de modo geral.

O elemento central das teorias de Durkheim é o que ele nomeia *fato social*, que é uma "coisa", uma força que age no sentido de homogeneizar os comportamentos de massa, independentemente das vontades pessoais, de forma que os hábitos particulares agem num sentido que é benéfico para o coletivo, e os desvios nesse padrão são vistos como anomalias. Assim, a sociedade é comparada a um organismo vivo, que funciona perfeitamente bem, entendendo qualquer ameaça à sua coesão como uma patologia (Gruppi, 1980).

Em outras palavras, para esse autor, a sociedade é essencialmente homogênea, e é a divisão social do trabalho, com cada indivíduo cumprindo seu papel particular, que fortalece o funcionamento dela como um todo. Em analogia, para que um corpo funcione perfeitamente, todos os órgãos devem estar em adequado estado de funcionamento e, caso algum deles não realize sua função corretamente, será interpretado como um estágio de anomalia, o que prejudicará o restante do organismo. Na teoria de Durkheim, essa compreensão é aplicada à realidade da sociedade, e a possibilidade de transformação dos processos sociais é descartada.

De acordo com Gruppi (1980), nessa máquina de funcionamento perfeito, cabe ao Estado organizar a divisão social do trabalho, exercendo a força necessária para isso, ou seja, a concepção de Estado assumida por essa perspectiva é conservadora e tem o papel de manter a coesão social e a harmonia da vida em sociedade. Nela, a classe operária deve se manter submissa ao órgão maior, o Estado burguês.

1.1.5 Immanuel Kant (1724-1804)

Filósofo, físico e matemático, Immanuel Kant foi um dos primeiros escritores a propor ideias republicanas ao teorizar a relação entre Estado e sociedade. Para ele, a democracia não funciona porque, ao propor um órgão que legisla, esse mesmo órgão formula leis contra a liberdade de uma parte dos cidadãos. Isso significa que, como na democracia adota-se, por meio de votação, o que for decidido pela maioria, os indivíduos que escolheram as opções derrotadas têm seus direitos negados. Em outras palavras, em uma votação democrática em que ganha a maioria, a minoria sai perdendo (Gruppi, 1980).

Nesse sentido, o filósofo propõe um governo misto (republicano e liberal) para alcançar o que ele chama de *paz perpétua*. Todos os cidadãos devem ser vistos como iguais, regidos por uma lei maior, que respeite os princípios de liberdade e de dependência do povo. Além disso, o Estado, para ele, deve ser social, de forma que atenda aos interesses da população, não sendo indiferente aos problemas sociais.

1.1.6 Friedrich Hegel (1770-1831)

O filósofo alemão Friedrich Hegel, embora defendesse princípios de liberdade também, tinha ideias monárquicos. Para ele, a sociedade civil pode significar tanto a população em geral quanto instituições ou grupos que se unem para satisfazer eventuais carências sociais.
Ao Estado, cabe governar a sociedade civil de forma ética e eficaz, não levando em conta subjetividades, mas universalidade. Ao mesmo tempo, ele defende que cada pessoa deve ser tratada de acordo com o seu *status*, o que vai contra (inclusive em sua época) os ideais de liberdade, igualdade e fraternidade pregados nos anos posteriores à Revolução Francesa (Behring; Boschetti, 2008).

1.1.7 Max Weber (1864-1920)

O sociólogo e economista alemão Max Weber, ao lado de Marx e Durkheim, é frequentemente apontado como um dos fundadores da sociologia. Para ele, ao analisar-se uma realidade, deve-se antes transportá-la para o campo da ideologia, selecionando então suas características principais para então poder examiná-la – ele chamou essa ferramenta de *tipos ideais*. De acordo com ele, esse é um método para que os processos sociais sejam estudados.
Por exemplo, se analisarmos o capitalismo no mundo, certamente encontraremos mudanças que ocorrem nesse sistema de um país para o outro, mas algumas características essenciais, como a busca pelo lucro e a organização do trabalho, entre outros fatores, aparecerão sempre (Scherer-Warren, 2007b).
Dessa forma, o papel do sociólogo é entender as reações da sociedade e o que as causam. Weber diz ainda que, nesse sentido, a sociedade é resultado das interações entre seus constituintes, e os tipos ideais são recortes usados para interpretar a realidade.

Ainda de acordo com o Scherer-Werner (2007b), no que se refere ao papel do Estado, Weber o coloca no âmbito da dominação pública, afirmando que as instituições estatais têm o privilégio de coerção sobre a população "dominada", que deve, para que o sistema funcione, obedecer às leis e às regras impostas pelos "dominantes" (Estado). De acordo com o sociólogo, para que os representantes políticos sejam legítimos, eles devem ser eleitos pelo povo.

1.1.8 Karl Marx (1818-1883)

O também alemão Karl Marx, sociólogo e filósofo, é o mais emblemático autor do que chamamos de *causa operária*. Sua obra apresenta uma visão crítica do Estado **burguês** e **liberal**, entendendo que somente a revolução permite alcançar a igualdade na sociedade e defendendo a isonomia jurídica, econômica e social. De acordo com Behring e Boschetti (2008), para Marx, a sociedade civil é entendida como o conjunto de relações econômicas que explica o surgimento do Estado e das leis. Por sua vez, ao Estado cabe garantir a estrutura econômica, que é burguesa, pressupondo contradições e desigualdades sociais e econômicas.

Para Marx, é importante pensar em maneiras de fugir ao capitalismo, com novas formas de distribuição econômica, bem como em maneiras sociais de emancipação do ser humano, de igualdade nos quesitos tanto materiais quanto sociais. É por isso que sempre vemos o nome do filósofo ligado aos conceitos de socialismo e comunismo, entre outros.

Ao criticar o capitalismo, Marx afirma que, para a classe dominante, a ascensão social do proletariado nunca será algo positivo, uma vez que a relação de domínio dos mais ricos é, para eles, muito confortável. Exatamente por isso, para o filósofo alemão, a luta das classes operárias por melhores condições são os verdadeiros agentes transformadores da sociedade, e isso só será conseguido por meio da união dos menos favorecidos e de partidos revolucionários (Behring; Boschetti, 2008).

1.2 Estados modernos

É interessante compreendermos os conceitos de sociedade civil e de Estado, como vimos nos tópicos anteriores, porque isso nos dá uma perspectiva de que, embora existam diferentes definições acerca desses temas, há certa concordância entre os autores em dizer que o Estado é soberano e a ele cabe, com mais ou menos poder, exercer mecanismos de controle, e que a sociedade civil é formada por setores da população ou mesmo pela própria população em sua totalidade.

Agora, passaremos a discutir o que chamamos de *Estados modernos*, cuja evolução pode ser compreendida em três fases (que veremos mais detalhadamente nos tópicos a seguir):

1. Estado absolutista;
2. Estado liberal;
3. Estado do bem-estar social.

Em primeiro lugar, devemos ter em mente que a instituição de cada tipo de Estado está ligada ao modo produtivo assumido no processo histórico da humanidade. Estudaremos os modos de organização social a partir da Seção 1.3, mas, para entendermos os três "modelos" de Estado, vejamos um panorama geral.

Os seres humanos primitivos, ainda no período que engloba a Pré-História, tinham um modo de produção baseado na subsistência e aos poucos criaram instrumentos de trabalho rudimentares para explorar a natureza e poderem tirar dela o essencial para se sustentarem.

Com o passar dos séculos, já no sistema escravista, algumas culturas passaram a explorar o trabalho de outros povos, como, por exemplo, os negros e os indígenas, que foram explorados ao máximo em sua força de trabalho. Nesse mesmo sistema, para que um indivíduo pudesse ser considerado detentor de um espaço de terras, ele também deveria ser o provedor das condições para a subsistência e a manutenção da força de trabalho.

Essa organização era determinada por fatores como idade, sexo e nascimento para que a liberdade voltasse a ser garantida no mundo.

Já no sistema feudal, os donos das glebas atuavam como responsáveis por manter famílias de trabalhadores que, em troca de seu sustento, dispunham-se por meio de sua força de trabalho a gerar riqueza para a nobreza. Com o processo de instauração das indústrias, os trabalhadores passaram a negociar seu bem, isto é, sua força de trabalho, com o detentor dos meios de produção, em troca de salário. O patrão deixou de ser o responsável por prover condições de subsistência e, em momentos de falha do indivíduo e/ou de crise do mercado, essa garantia passou a ser de responsabilidade do Estado.

Nesse sentido, podemos entender que o que chamamos de *Estado moderno* surgiu com a desintegração do modo de produção feudal, passando a centralizar e a concentrar o poder em suas mais diversas vertentes, como o controle das forças armadas, da violência social e da estrutura jurídica, bem como a cobrança de impostos e administração da vida em sociedade. Ou seja, o Estado surgiu como instituição para o exercício do controle social e a superação de problemas existentes na ordem capitalista.

Importante!

O Estado se define, então, por dois fatores:
1. **Poder** – No sentido de agir e produzir efeitos sobre indivíduos ou grupos humanos. Pode ser legitimado por meio de – divindade, hereditariedade, virtude e vontade do povo.
2. **Força** – Como instrumento para exercício do poder.

O Estado, então, assume e controla um povo – uma nação em determinado território – e exerce poder mediante a soberania, isto é, o governo. E, vale lembrar, *Estado* e *governo* são conceitos diferentes.

Figura 1.1 – Formas de governo

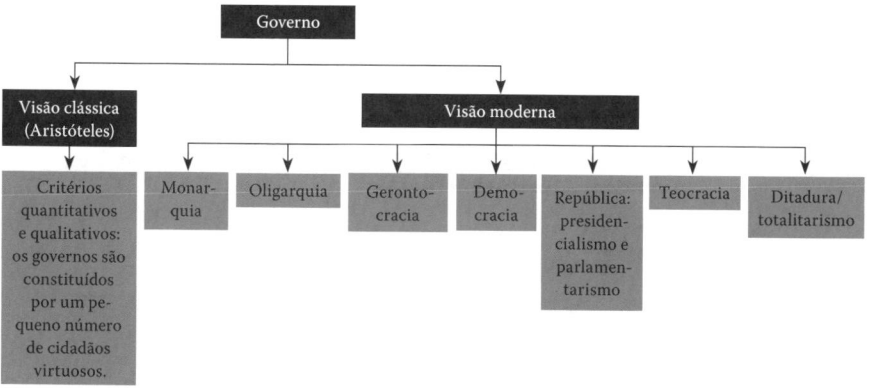

Vale esclarecer alguns pontos acerca dos governos que classificamos na visão moderna:

- Monarquia – O chefe de Estado tem o título de *rei* ou *rainha*.
- Oligarquia – O poder político está centralizado em um pequeno grupo de pessoas (família, partido político etc.).
- Gerontocracia – O poder fica nas mãos dos anciãos, ou seja, de pessoas mais velhas.
- Democracia – A soberania está nas mãos do povo.
- República – O chefe de Estado é eleito pelos cidadãos, por tempo limitado, até novas eleições.
- Teocracia – O chefe de Estado é soberano porque está vinculado ao poder religioso ou à reencarnação de alguma divindade.
- Ditadura/totalitarismo – O poder é centrado no chefe de Estado e não se admitem oposições ou contrariedades, ou seja, são regimes antidemocráticos. No totalitarismo, além das características ditatoriais, o Estado controla todos ou quase todos os aspectos das vidas pública e privada. O poder político é mantido por meio de permanente propaganda política, transmitida pelos meios de comunicação cujo controle é estatal. Há também forte culto à personalidade de um líder absoluto (por exemplo, o nazismo alemão e o stalinismo soviético).

Então, podemos dizer que *governo* é a forma encontrada para administrar determinado Estado, que, por sua vez, também pode ser entendido de diferentes maneiras.

Figura 1.2 – Tipos de Estado

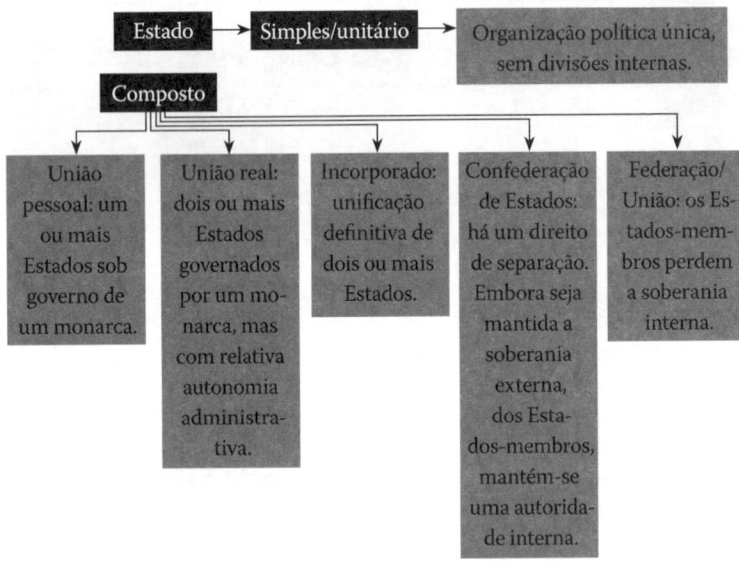

Cabe ao Estado, nas diferentes relações sociais, garantir sua soberania, manter a ordem e, em alguns casos, promover o bem-estar social.

A seguir, conforme mencionamos no início deste tópico, conheceremos mais profundamente algumas fases do Estado moderno.

1.2.1 Estado absolutista

O Estado absolutista (teorizado principalmente por Hobbes, como já vimos) iniciou com a crise da sociedade feudal, a partir do século XIV, na Europa Ocidental. Antes, existiam a nobreza e o clero, que, basicamente, controlavam a sociedade, e então surgiu uma nova classe social: a burguesia. Os territórios, que até então estavam sob domínio dos senhores feudais, passaram a pertencer ao Estado que, com apoio burguês, centralizou as decisões políticas para si. Na verdade, o rei assumiu a administração econômica (mercantilista), a justiça e a autoridade militar, tornando-se o poder absoluto na sociedade. Até mesmo porque a figura da Igreja permaneceu como legitimadora da soberania do rei, seguindo os princípios da teoria do direito divino dos reis, elaborada pelo bispo francês Jaques Bénigne Bossuet, que apregoava que o monarca é representante do poder de Deus na Terra e sua autoridade deve ser sagrada (Oliveira, 2005).

Portanto, a autoridade e o poder estão concentrados nas mãos do rei, e este, por sua vez, está inteiramente identificado com o Estado, cuja soberania e o direito divino outorgado ao monarca pautam a defesa desse modelo.

Além disso, o Estado passou a ser organizado, com a instituição de cargos no governo, como ministro, chanceler e conselheiro, entre outros, que eram voltados para o interesse público, embora sempre estivessem abaixo das decisões do rei. Vale mencionar que foi no Estado absolutista que se iniciou a separação entre o público e o privado e também as medidas econômicas e políticas de acumulação primitiva do capital. De acordo com Mello (2018),

> O Estado Absolutista foi um modelo político que se espalhou por vários países europeus no início da Idade Moderna, como consequência da destituição do feudalismo. Permaneceu, abastecido pela expansão do mercantilismo marítimo, como uma forma dominante de relação política. Nesse sentido, o liberalismo – doutrina que pregou a defesa da liberdade no campo político – foi uma reação ao Estado Absolutista.

A doutrina política e social que sucedeu o absolutismo foi o liberalismo, ou **Estado liberal**, que veremos no tópico a seguir.

Estado, sociedade civil e sociedade capitalista: compreensões teóricas

1.2.2 Estado liberal

Entre os séculos XVII e XVIII, o mundo passou por muitas transformações: Revoluções Inglesas (Puritana e Gloriosa), Independência dos Estados Unidos da América (EUA), Revolução Industrial e Revolução Francesa. Essas duas últimas, ocorridas na Europa, tinham um pressuposto de consolidação da burguesia como força econômica em detrimento da aristocracia, que já estava entrando em decadência. De acordo com Mello (2018), foi nesse contexto revolucionário que surgiu o Estado liberal que, como vimos, veio de uma tomada de poder político que substituiu o sistema mercantil pela economia de mercado, o qual, por sua vez, era pautada na livre concorrência e respaldada pelos pressupostos teóricos do liberalismo de Adam Smith e David Ricardo, entre outros. Além disso, as obras de Locke e de Rousseau serviram de base para a teoria do direito divino, que colocava o Estado como provedor de direito da sociedade (Ferreira, 1993).

Então, como podemos perceber, algumas dessas revoluções ocorreram em prol da burguesia e, nisso, o Estado teve papel imprescindível, uma vez que

> A burguesia foi a classe vencedora a [sic] tomou o poder político e se transformou em classe dirigente. Mas a revolução não pode ser resumida em um mero embate militar, com a tomada do poder político por esta ou aquela facção. A revolução é uma grande transformação social alterando a economia, a vida dos seus protagonistas, a política, as artes, a cultura, enfim toda sociedade. (Ferreira, 1993, p. 133)

Além do rompimento com o feudalismo, advieram a formação de partidos políticos e o sufrágio universal. Por exemplo, uma parte da população passou a ter direito de voto — os detentores de posses: principalmente a burguesia —, e essa foi uma condição regida pelo princípio de liberdade. Além disso, foi também no Estado liberal que foi feita a separação dos poderes em Executivo, Legislativo e Judiciário. De acordo com Mello (2018, grifos do original), uma consequência sociopolítica deste olhar que privilegiou o **indivíduo** foi a noção de que a **sociedade** e o **Estado** são produto de uma convenção – um *contrato* entre os indivíduos –, pelo lado econômico vigorou a ideia de que o Estado não deveria intervir em seus assuntos, que deveriam seguir, assim, seu curso natural. Esses aspectos do liberalismo representavam uma oposição radical ao modelo centralizador e concentrador do Estado Absolutista, que era acostumado a guiar os rumos da economia. Com o liberalismo, o Estado passou a ter funções específicas, mediante a divisão dos seus poderes e o postulado de que os interesses individuais coincidiam com os interesses da sociedade.

O fim do século XVIII e o início do século XIX foram marcados pelo avanço do capitalismo, e passou a se exigir atitudes mais agressivas por parte da classe empresarial, num ambiente econômico que estimulava o fator da concorrência. Valores como individualismo, liberdade, competição e tolerância contribuíam para um modelo mais democrático – em relação ao absolutismo – de se fazer política. No entanto, essa visão liberal sofreu várias críticas, desde o fim do século XVIII.

Ou seja, uma característica central desse modelo é a chamada *teoria do Estado mínimo*, segundo a qual o Estado não deve interferir nas atividades econômicas – ações nesse sentido podem ocorrer em momentos de crises. Assim, como bem aponta Paulo Netto (1996), o Estado Liberal foi uma espécie de comitê executivo da burguesia e garantiu mecanismos para o desenvolvimento dessa classe social.

1.2.3 Estado de bem-estar social (*welfare state*)

Depois da Primeira Guerra Mundial (1914-1918), tanto a democracia quanto os modelos de governo vigentes entraram em crise, uma vez que as transformações econômicas e sociais que sucederam a guerra foram muitas, além de que, as leis vigentes não evoluíram a ponto de acompanhar as transformações da sociedade, o que demandou do Estado novos posicionamentos. Foi nesse contexto que surgiu o *welfare state*, também conhecido como *Estado de bem-estar social*.

Até então, no modelo liberalista, o Estado não interferia na economia, pois acreditava-se que a interferência nesse setor, bem como o investimento em políticas sociais, atrasariam o avanço econômico. Apesar de o desenvolvimento estar de fato acelerado nessa época, é importante lembrar que a Primeira Guerra foi resultado de disputas por mercado e que a Crise de 1929, nos EUA, decorreu da incapacidade do mercado de absorver o que era produzido nas indústrias.

Ou seja, o capitalismo, em seu estágio de livre concorrência, entrou em crise, sobretudo em virtude da concentração desigual dos lucros. Nesse sistema, surgiu ainda outro estágio, o capitalismo dos monopólios, no qual apareceram os trustes (fusão de várias empresas visando à ampliação de seus mercados) e os cartéis (monopólio e concentração de preço e oferta por um nicho de mercado).

O resultado foi que, em alguns casos, pequenas empresas foram obrigadas a fechar suas portas e, em outros, os trabalhadores, com medo da crise e para não ficarem desempregados, tiveram de se submeter a mais horas de trabalho.

Em contrapartida, os operários começaram a se organizar em sindicatos para reivindicar melhores condições. Além disso, a Revolução Russa, de 1917, e os ideais socialistas passaram a se espalhar, colocando a burguesia em xeque, a qual, ameaçada de perder o poder de classe dirigente, apoiou a ampliação do poder político do Estado, a fim de responder às reivindicações do proletariado. A política adotada foi a do bem-estar social.

> A partir da década de 1930, então, expandiu-se o modelo chamado de **Estado de Bem-Estar Social**, no qual o Estado é organizador da política e da economia, encarregando-se da promoção e defesa social. O Estado atua ao lado de sindicatos e empresas privadas, atendendo às características de cada país, com o intuito de garantir serviços públicos e proteção à população. Os países europeus foram os primeiros e principais incorporadores do modelo que agradou os defensores da socialdemocracia. A principal referência no continente veio da região escandinava. Até hoje, Noruega, Suécia, Finlândia e

> Dinamarca são destaques na aplicação do Estado de Bem-Estar Social e são países que estão no topo do ranking de melhor Índice de Desenvolvimento Humano.
>
> O Estado de Bem-Estar Social ganhou ainda mais terreno com a inclusão do conceito de cidadania, propagado após a queda dos regimes totalitários na Europa. Associou-se à ideia de que os indivíduos são dotados de direitos sociais. O modelo de organização estatal concede aos indivíduos bens e serviços públicos durante toda a vida. Os direitos sociais conferem serviços de educação, saúde, seguridade e lazer. (Gasparetto Junior, 2018, grifo do original)

Assim, um modelo que eximia o Estado de qualquer participação na vida dos cidadãos cedeu espaço a outro que propunha não apenas participação, mas também exigia que fossem garantidas ao povo as condições mínimas para uma vida digna.

Importante!

Os objetivos centrais do Estado de bem-estar social são:

- ofertar padrões de vida mínimos aos cidadãos;
- desenvolver a produção de bens e serviços sociais;
- legalizar o movimento dos trabalhadores;
- garantir o pleno emprego à população.

De acordo com Paulo Netto (1996), essa política está essencialmente nos princípios teóricos de John Maynard Keynes, que sugere um Estado que intervenha nas mazelas sociais e que também proporcione o desenvolvimento econômico da burguesia, fazendo política de redistribuição de renda.

No entanto, como já mencionamos, o Estado de bem-estar social não foi desenvolvido de maneira homogênea em todos os países, de forma que, nas nações desenvolvidas, a melhoria de vida para uma parcela dos trabalhadores foi notável, ao passo que, em países subdesenvolvidos, os problemas da "questão social" não foram resolvidos.

1.2.4 Estado neoliberal

Como vimos, até aqui, o Estado de bem-estar social tinha como pressuposto defender o desenvolvimento do mercado ao mesmo tempo que lançava políticas públicas para proteger também os interesses da população. No entanto, alguns países começaram a alegar que era oneroso demais para o Estado manter todos os benefícios dos cidadãos e que não havia recursos para sustentar esse modelo. Então, na década de 1970, alegando a necessidade de mudança na organização estatal, pois o sistema capitalista vivia um momento de crise, as empresas multinacionais passaram a ter necessidade de expansão, o desemprego cresceu e os movimentos grevistas explodiram em muitos países.

Nesse contexto de crise, iniciou-se uma pressão das empresas para que o Estado privatizasse serviços públicos (havia correntes teóricas em defesa desse posicionamento), com o ideário de que a culpa da crise estava nos altos investimentos em políticas sociais – passou-se a defender novamente o Estado mínimo.

O primeiro país a abandonar o Estado de bem-estar social foi a Inglaterra, que estava sob o governo de Margareth Thatcher, seguida pelos EUA, governados por Ronald Reagan. Houve intenso corte de recursos no financiamento das políticas sociais, sobretudo nos setores de assistência social, habitação, transportes, saúde e previdência, ou seja, os direitos que os trabalhadores haviam conseguido com muito custo, com anos de lutas, foram-lhe retirados.

Concomitantemente, houve a retomada da culpabilização do próprio indivíduo pela sua situação de pobreza e, além disso, as corporações produtivas e financeiras passaram novamente a ter participação na definição dos atos do Estado, direcionando as questões políticas para um viés econômico e retirando o foco do desenvolvimento humano. Em outras palavras, houve uma recuperação dos ideais primeiros do liberalismo.

1.2.5 Estado fascista e Estado soviético

Até hoje, no mundo, é impossível encontrar explicações que legitimem o fascismo nos campos social, político e sobretudo humano – esse movimento marcou um dos mais trágicos episódios da história da humanidade: o Holocausto. O mundo todo passava por crises econômicas e os países tomavam as medidas que lhes eram cabíveis para tentar reverter a situação. O fascismo nasceu com essa mesma raiz, mas com pressupostos mais obsessivos, que tinham por meta impedir a qualquer custo a decadência econômica de determinada nação.

Esclarecendo...
Em geral, se entende por Fascismo um sistema autoritário de dominação que é caracterizado: pela monopolização da representação política por parte de um partido único de massa, hierarquicamente organizado; por uma ideologia fundada no culto do chefe, na exaltação da coletividade nacional, no desprezo dos valores do individualismo liberal e no ideal da colaboração de classes, em oposição frontal ao socialismo e ao comunismo, dentro de um sistema de tipo corporativo; por objetivos de expansão imperialista, a alcançar em nome da luta das nações pobres contra as potências plutocráticas; pela mobilização das massas e pelo seu enquadramento em organizações tendentes a uma socialização política planificada, funcional ao regime; pelo aniquilamento das oposições, mediante o uso da violência e do terror; por um aparelho de propaganda baseado no controle das informações e dos meios de comunicação de massa; por um crescente dirigismo estatal no âmbito de uma economia que continua a ser, fundamentalmente, de tipo privado; pela tentativa de integrar nas estruturas de controle do partido ou do Estado, de acordo com uma lógica totalitária, a totalidade das relações econômicas, sociais, políticas e culturais.

Fonte: Saccomani, 1998, p. 466.

Perguntas & respostas

Temos como exemplo de fascismo apenas o nazismo alemão?
Não. Apesar de esse ser um dos casos mais lembrados e mais trágicos da história, podemos citar o regime de Benito Mussolini, na Itália, e o de Francisco Franco, na Espanha.

Por sua vez, no final do século XIX e no início do século XX, a Rússia ainda era um país atrasado em comparação às potências mundiais, — pois havia demorado muito mais tempo para sair do sistema feudal e era ainda absolutista. No entanto, as crises econômicas do mundo passaram a afetar também os modos de produção russos e, por isso, houve uma tentativa de rápida industrialização. O problema é que a Rússia não tinha estrutura para suportar esse tipo de mudança brusca.

Já em meados de 1905, com a crescente miséria da população, o sistema de governo passou a ser contestado, e culminou na Revolução Russa de 1917. Foi então criada, em 1922, a União das Repúblicas Socialistas Soviéticas (URSS): unidos em um só território e com os mesmos ideias, os países participantes formaram uma nação imensa (compreendia Rússia, Ucrânia, Bielorrússia, Transcaucásia, Estônia, Lituânia, Moldávia, Georgia, Armênia, Azerbaijão, Cazaquistão, Uzbequistão, Turcomenistão, Quirguistão e Tadjiquistão).

A URSS tinha como medida básica estrutural, sob ideais socialistas, reestruturar tanto a economia quanto a política do novo país — organizando os camponeses, os operários e os soldados em um Partido Comunista — que não foi nem meramente afetado pela Crise de 1929, uma vez que esta foi essencialmente capitalista.

Nesse contexto, o nazismo alemão avançava territorialmente, quebrando o Pacto Germano-Soviético e fazendo com que a URSS entrasse na Segunda Guerra Mundial ao lado dos países Aliados (França, Inglaterra e EUA, até então), contra os países do Eixo (Itália, Alemanha e Japão).

Os Aliados começaram a derrotar o Eixo em 1942. No Pacífico, Estados Unidos e Austrália derrotaram os japoneses. Em fevereiro de 1943, os nazistas perderam a batalha de Stalingrado, na União Soviética, e foram expulsos da Bulgária, Hungria, Polônia, Tchecoslováquia e Iugoslávia. Na África, Egito Marrocos e Argélia foram conquistados pelas forças Aliadas. Em julho do mesmo ano, Vitor Emanuel III, rei da Itália, destituiu Mussolini do governo e assinou a rendição italiana aos Aliados. No dia 6 de junho de 1944, os Aliados desembarcaram na Normandia, França, na operação que ficou conhecida como "Dia D". Era o início da libertação francesa e, no fim de agosto, Paris estava livre. Em 2 de maio de 1945, soviéticos e estadunidenses tomaram Berlim, dois dias depois do suicídio de Hitler e do alto-comando do Partido Nazista. Iniciou-se o processo de rendição das tropas nazistas, colocando, assim, fim à guerra na Europa. Só o Japão resistia, mas, em agosto, diante das bombas atômicas jogadas pelos Estados Unidos em Hiroshima e Nagasaki, o imperador Hirohito se rendeu aos Aliados. Chegava ao fim a Segunda Guerra Mundial, deixando cerca de 50 milhões de mortos e 35 milhões de feridos.

Os países vencedores levaram oficiais nazistas a julgamento no Tribunal de Nuremberg, criado para esse fim, sob acusação de crimes contra a humanidade. Outra consequência da guerra foi a criação, em 1945, da Organização das Nações Unidas (ONU), cujo objetivo é mediar conflitos entre países a fim de evitar novas guerras. (Cardoso, 2018)

No entanto, vale lembrar que os vencedores da Segunda Guerra Mundial eram países de políticas muito diferentes e, por isso, ao final da guerra, eles se dissolveram em dois blocos:

- socialista — liderado pela URSS;
- capitalista — liderado pelos EUA, que se consolidava como a maior potência capitalista mundial.

Com essa divisão, iniciou-se o que conhecemos como *Guerra Fria*, que foi um conflito que se deu no plano das ideias e da propaganda entre esses dois blocos, com os dois países buscando a hegemonia na influência mundial, cada um deles defendendo seus ideais políticos e econômicos. A partir de 1985, a URSS entrou em processo de dissolução até que, em 1991, o regime soviético chegou ao fim.

1.3 Sociedade capitalista

Ao analisarmos o histórico das políticas no mundo, conseguimos também ver de que maneira o capitalismo surgiu. Agora, vamos estudar não apenas o surgimento da sociedade capitalista, mas sua organização, uma vez que esse modo de produção determina também as relações sociais, econômicas e políticas em cada fase de seu desenvolvimento, e este é um ponto central para entendermos as características assumidas pelos diferentes tipos de Estado.

Vejamos a Figura 1.3, que resume as principais fases da história da humanidade.

Figura 1.3 – Divisão histórica

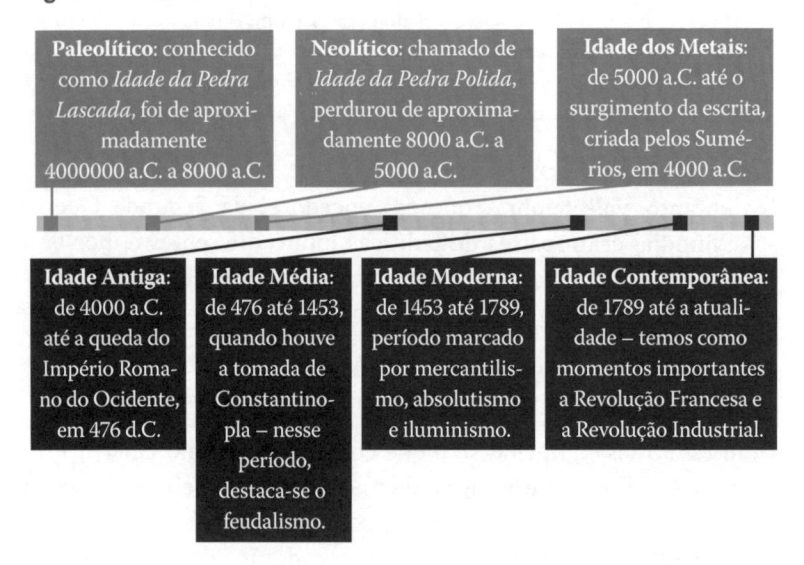

Paleolítico: conhecido como *Idade da Pedra Lascada*, foi de aproximadamente 4000000 a.C. a 8000 a.C.	Neolítico: chamado de *Idade da Pedra Polida*, perdurou de aproximadamente 8000 a.C. a 5000 a.C.	Idade dos Metais: de 5000 a.C. até o surgimento da escrita, criada pelos Sumérios, em 4000 a.C.

Idade Antiga: de 4000 a.C. até a queda do Império Romano do Ocidente, em 476 d.C.	Idade Média: de 476 até 1453, quando houve a tomada de Constantinopla – nesse período, destaca-se o feudalismo.	Idade Moderna: de 1453 até 1789, período marcado por mercantilismo, absolutismo e iluminismo.	Idade Contemporânea: de 1789 até a atualidade – temos como momentos importantes a Revolução Francesa e a Revolução Industrial.

A seguir, vamos estudar os sistemas de organização social ao longo do tempo — primitivo, escravista, feudalismo —, até culminar na sociedade capitalista que conhecemos contemporaneamente.

1.3.1 Sistema primitivo[1]

Nos primórdios da humanidade, período que conhecemos como *Pré-História*, ainda não havia a noção de propriedade. Por isso, chamamos de *sistema primitivo*, ou *rudimentar*, o momento em que os homens começaram a utilizar instrumentos rústicos, como pedras e pedaços de pau grosseiramente talhados, para facilitar a vida e o trabalho, o que constituía um meio necessário à sua subsistência.

No período do Paleolítico, as pessoas sobreviviam da caça, da pesca e da coleta de frutos e raízes, mas ainda não estava desenvolvido nenhum tipo de agricultura, de forma que, acabando os recursos de determinada região, os grupos humanos eram obrigados a se mudar para garantir seu sustento, ou seja, eram nômades.

Com a descoberta do fogo, foi possível aos homens utilizarem a alta temperatura não apenas para se aquecerem ou preparar os alimentos, mas para aprimorar os instrumentos de trabalho – processo esse que resultou na fabricação de lanças pontiagudas, machados, facas e ganchos. Dessa forma, foi possível começar a usar instrumentos de metal e ferro, entre outros (matérias-primas disponíveis).

No entanto, como já mencionamos, não havia nenhuma noção de propriedade privada, uma vez que os instrumentos de caça e de defesa eram de uso pessoal dos membros de pequenos grupos (os homens viviam em pequenas comunidades isoladas), e esse trabalho não gerava excedentes. Ou seja, era produzido apenas o que seria utilizado, sem sobras, e a divisão de trabalho nesses grupos acontecia de acordo com a idade e o sexo.

---

1 Elaborado com base em Gorender; Almeida, 1961.

Não havia uma estrutura de Estado nas pequenas comunidades humanas. Frequentemente, as pessoas com mais autoridade eram as mais velhas, que inspiravam mais respeito (independentemente de sexo), mas num sentido de aconselhamento, e não no de governo, de exercer autoridade ou de subordinação.

O grande marco de virada para essas sociedades foi a descoberta da agricultura. Ao perceber que poderiam cultivar alimentos, os seres humanos dessa época puderam se fixar em locais e deixaram de ser nômades. Além disso, foi possível criar animais e fazer uma divisão social do trabalho mais adequada, de forma que, pela primeira vez, houve excedentes de gado, leite, couros e peles. Assim, algumas comunidades começaram a poder trocar materiais — gado, principalmente, mas até mesmo terras passaram a ser negociadas.

Surgiram, então, as noções de propriedade privada e de hierarquia e, com elas, a necessidade de eleger líderes. Mais tarde, os anciãos, os chefes militares e os sacerdotes sentiram a necessidade de estabelecer um sistema de classes sociais e passaram a se aproveitar de seu posicionamento (que já podemos chamar de *posição política*) para enriquecer e exercer poder sobre a comunidade: surgia a aristocracia.

1.3.2 Regime escravista[2]

Os regimes de escravidão permearam a economia de quase todas as civilizações que conhecemos, com mais ou menos alcance. Esse sitema é caracterizado pelo direito de propriedade que se assume sobre outro ser humano, com poder ilimitado, e teve como pressupostos os regimes de divisão social do trabalho e de trocas.

----
2 Elaborado com base em Gorender; Almeida, 1961.

Ocorre que, como em todas as áreas houve o aumento de produção e como já se produzia com excedentes (não mais para consumo, mas com finalidades comerciais), a quantidade de trabalho também aumentou muito e passou a ser necessária maior força de trabalho que desse conta da produção necessária. Foi assim que os primeiros prisioneiros de guerra começaram a ser comercializados com a finalidade de serem escravos.

No período da escravidão patriarcal, o escravizado era tratado como um membro da família. Porém, sob o modo de produção escravista, ele era considerado como uma "coisa" à disposição do seu dono absoluta e integralmente, de forma que a exploração dos escravos constituiu o traço principal das relações de produção dessa sociedade.

Com o uso de violências físicas brutais, os escravizados eram obrigados a trabalhar sob os olhos atentos dos feitores e, ao menor descuido, sofriam castigos cruéis. Eram marcados a ferro para que, em caso de fuga, fossem mais facilmente identificados e capturados. Além disso, tinham de usar permanentemente coleiras de ferro, nas quais estavam gravados os nomes dos seus donos.

Perguntas & respostas

O senhor de escravos tinha obrigações?

Ao senhor de escravos, cabia apenas dar aos escravizados meios de subsistência (água e comida da mais barata), uma vez que estes não eram vistos com olhos de humanidade, mas como mercadoria e braço para produção, ou seja, um produto qualquer para consumo, venda ou troca no mercado.

Na Grécia, o trabalho escravo passou a ser usado na produção artesanal, na construção e na extração de minério de ferro, prata e ouro. Em Roma, os escravos eram utilizados na agricultura – aqui, vale lembrar que a aristocracia romana tinha grandes propriedades, os *latifúndios*, onde trabalhavam muitos escravizados. A sociedade escravista alcançou considerável desenvolvimento com a divisão social do trabalho, que se refletiu na especialização da produção agrícola e artesanal, criando condições para a elevação da produtividade. Por exemplo, o artesanato surgiu como um ofício independente, separado da agricultura.

O processo de troca de mercadorias se tornou tão regular que foi necessário desenvolver um mecanismo para medir o valor dos produtos no momento de troca: o dinheiro. Foi já nesse período também que os comerciantes surgiram (uma nova divisão social do trabalho), comprando mercadorias dos produtores e as revendendo a outros consumidores.

Nesse mesmo período, a terra passou a ser considerada propriedade privada e também uma moeda de troca. Por exemplo, se o devedor não pudesse saldar sua dívida, ele poderia se desfazer das próprias terras ou, então, vender os próprios filhos e a si mesmo como escravos. O aparecimento da propriedade privada já proclamada, a divisão da sociedade em classes e as moedas de troca provocaram a necessidade de se criar um mecanismo de regulação e controle: o Estado.

Ao mesmo tempo, o trabalho escravo passou a ser considerado um atraso para as forças produtivas da sociedade. Era necessário gerar também mais consumidores em potencial, de forma que as relações escravistas passaram a ser, gradualmente, substituídas por outras relações de produção. Como consequência disso e, posteriormente, com a repartição das propriedades dos senhores para os libertos, foi instituído o regime feudal.

1.3.3 Feudalismo

Entre os séculos III e IV, os sistemas escravistas começaram a ruir e o Império Romano entrou em crise. Além disso, em virtude das invasões germânicas, muitos dos grandes senhores romanos abandonaram as cidades e foram morar em suas propriedades no campo, tornando-se donos das terras que governavam – o que resultou em pequenos reinos rurais na Europa que, depois, se tornaram os feudos medievais. Assim, paulatinamente, o sistema escravista de produção do Império Romano foi sendo substituído pelo sistema servil de produção que predominou na Europa feudal: o trabalhador rural passou a ser servo do grande proprietário.

Figura 1.4 – Sistema de um feudo

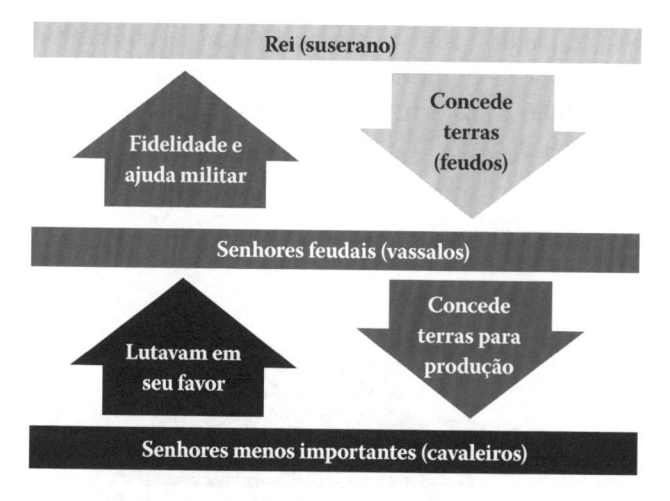

```
                    Rei (suserano)
        ┌──────────────┐      ┌──────────────┐
        │ Fidelidade e │      │   Concede    │
        │ ajuda militar│      │    terras    │
        │              │      │   (feudos)   │
        └──────────────┘      └──────────────┘
               Senhores feudais (vassalos)
        ┌──────────────┐      ┌──────────────┐
        │  Lutavam em  │      │   Concede    │
        │   seu favor  │      │ terras para  │
        │              │      │   produção   │
        └──────────────┘      └──────────────┘
         Senhores menos importantes (cavaleiros)
```

No sistema feudal, predominavam as relações de obrigações mútuas entre o suserano e o vassalo de obrigações mútuas, pautadas no princípio da fidelidade. De acordo com Faber (2011, p. 8), "Feudo é uma terra outorgada (dada por direito) por um rei (suserano) a um senhor feudal (vassalo), em troca de fidelidade e ajuda militar. Essa prática se desenvolveu na segunda metade da Idade Média e foi a base da economia europeia medieval".

Figura 1.5 – Imagem modelo de um feudo

pavila/Shutterstock

No feudo, a nobreza e o clero faziam parte da esfera dominante dos senhores feudais, detinham a posse legal das terras e dos servos, e também — e principalmente — dominavam o poder político, militar e jurídico. Vejamos um esquema dessa sociedade na Figura 1.6.

Figura 1.6 – Sociedade feudal

	Rei
Alto clero	Papa, arcebispos e bispos
Baixo clero	Padres e monges
Alta nobreza	Duques, marqueses, condes
Baixa nobreza	Viscondes, barões, cavaleiros
	Servos

Como já mencionamos, ao rei cabia conceder terras aos senhores feudais (nobres), que, em troca, juravam fidelidade e ajuda militar ao monarca. Esses nobres não trabalhavam e viviam da coleta de impostos e da produção agrícola dos servos. Por sua vez, a ordem social e a religião eram mantidas pelos membros do clero.

Figura 1.7 – Najac: castelo medieval da França conservado até os dias de hoje

Os servos, que também podem ser chamados de *trabalhadores*, somavam mais de 90% da população de um feudo, mas, apesar de numerosos, a eles só cabiam deveres, e sem nenhum direitos: trabalhavam arduamente nas propriedades dos senhores feudais, pagavam impostos, deviam obrigações aos senhores (parte do que produziam, trabalho gratuito) e ainda pagavam pelos meios de subsistência consumidos.

Os servos sobreviviam em condições absolutamente precárias, mas, com o processo de ressurgimento das cidades e do comércio, começaram a vender mais produtos e a realizar trocas, de modo que muitos passaram a ter dinheiro para comprar a liberdade.

Foi assim que se iniciou o enfraquecimento e o declínio dos feudos (ao passo que o mercantilismo foi se fortalecendo), dando vazão aos primeiros sinais do sistema capitalista no início da Idade Moderna.

1.3.4 Capitalismo

O capitalismo teve início na Europa com a evolução dos feudos para a formação das cidades, entre os séculos XI e XV, e com a mudança da produção rural para as manufaturas e o comércio. Dessa forma, a população rural passou a migrar para as cidades, ainda em condições precárias, e foi estabelecido um novo modo de servidão: as pessoas deixaram de servir ao senhor no campo para empregar a sua força de trabalho na indústria.

É claro que, ao longo do tempo, houve a evolução do processo capitalista. Vejamos como isso aconteceu:

- **Séculos XVI ao XVIII** – Capitalismo comercial, também chamado *pré-capitalismo*: além das migrações dos trabalhadores do campo para as cidades, havia as Grandes Navegações e a expansão marítima europeia. O comércio de produtos exportados e de matérias-primas garantiu acúmulo de riquezas para algumas pessoas.
- **Séculos XVIII e XIX** – Capitalismo industrial: teve como marco inicial a Revolução Industrial. Dessa vez, o acúmulo de riquezas passou a ser garantido para alguns por meio da venda de produtos industrializados, da transformação de matérias-primas e do imenso uso de maquinaria, que garantia produção em tempo menor e maior lucro.
- **Século XX** – Capitalismo monopolista-financeiro: iniciou-se depois da Segunda Guerra Mundial e é o modelo em vigência ainda hoje. Suas principais características são o crescimento desenfreado da economia por meio do capital de indústrias e dos bancos, a fusão de pequenas empresas em grupos maiores e o monopólio de vários setores da economia.

Importante!

Segundo Gorender e Almeida (1961), apesar de o capitalismo se apresentar de formas diferentes, de acordo com as épocas e com as sociedades, ele tem as seguintes características comuns, que fazem parte de suas premissas:

- Propriedade privada dos meios de produção — Os meios de produção, que também podem ser chamados de *instrumentos de trabalho*, de modo geral, são propriedade, de uma pessoa ou de um grupo de pessoas (uma empresa). Mas também há empresas estatais, isto é, de propriedade do Estado, que normalmente atuam em setores como transporte, água e energia. No entanto, cabe destacar aqui que muitas dessas empresas estão sendo privatizadas.
- Economia de mercado — As empresas têm a liberdade de decidir quando, onde e como vão produzir suas mercadorias, bem como de que forma vão vendê-las.
- Lei da oferta e da procura — A procura do consumidor *versus* a quantidade do produto ofertado são os fatores levados em conta para regular os preços das mercadorias.
- Concorrência — Quando há aumento de quantidade de um mesmo produto ofertado por diferentes empresas, surge a concorrência, que acarreta diversidade de preços e de qualidade dos produtos, e oferece ao consumidor mais opções de compra.
- Lucro — É o objetivo central do capitalismo. Para isso, as empresas costumam tentar diminuir os custos de produção das mercadorias, buscando matérias-primas e mão de obra mais baratas.

> - Trabalho assalariado — O trabalhador vende sua força de produção ao empregador — que também pode ser chamdo de *capitalista*, em troca do salário. Por sua vez, o salário será aquele que o capitalista entende como justo: frequentemente, uma quantia suficiente para que o trabalhador possa se manter, caracterizando um meio de subsistência.
> - Classes sociais — O sistema capitalista pressupõe uma divisão de classes, que surge das relações desiguais: a classe burguesa e a classe proletária.

Vale ressaltar que, além do lucro das empresas, um fator que deve ser levado em conta quando se fala em *capitalismo* é o poder econômico dos bancos e das instituições financeiras. Além disso, hoje em dia já se defende a tese de que o capitalismo estaria entrando em uma nova fase, chamada *capitalismo informacional*, também conhecido como *capitalismo cognitivo* ou *capitalismo do conhecimento*. De acordo com Pena (2019, grifo do original),

> Os avanços técnicos promovidos pela última revolução tecnológica, cujos valores se apresentaram mais profundamente na segunda metade do século XX em diante, assinalaram aquilo que Castells chama por "paradigma da tecnologia da informação". Esse paradigma estrutura-se em três principais características, que se resumem nas seguintes premissas:
>
> a. a informação é matéria-prima e age sobre a tecnologia;
>
> b. o maior poder da tecnologia em moldar ou influenciar a existência individual e coletiva;
>
> c. a estruturação das sociedades a partir da formação das redes.
>
> [...] Essas redes podem ser percebidas tanto sob o ponto de vista da tecnologia, como a internet, como sob o ponto de vista dos territórios, a exemplo dos sistemas de transporte e também da hierarquia urbana internacional, em que as **Cidades Globais** são os principais polos que formam o elo entre o global e o local.

Apesar disso, o mesmo autor defende que o capitalismo informacional anda em conjunto com o capitalismo financeiro, ou seja, um não anula o outro. (Pena, 2019)

1.4 Classes sociais

Como vimos até aqui, a sociedade capitalista tem alguns elementos que lhe são peculiares e que permeiam as relações desiguais de apropriação da mercadoria produzida – e são essas relações que alicerçam o conceito de *classes sociais*, que nos preocuparemos em entender neste tópico. Para isso, precisamos compreender primeiro o que é *estratificação social* e *desigualdade social*, como esses fatores se propagam e quais são as possibilidades de mudá-los. Analisaremos também como a desigualdade social resulta na luta de classes e em uma consciência social fragilizada.

1.4.1 Estratificação social

De acordo com o dicionário Houaiss, um dos significados da palavra *estratificação* é "processo de diferenciação das diversas camadas sociais que compõem uma sociedade, agrupadas a partir de suas relações e dos valores culturais, o que vem a constituir sua separação em classes, estados ou castas" (Houaiss; Villar, 2009). De acordo com Mayer (1967, p. 13),

> estratificação social é um tipo especial de diferenciação social, significando a existência de uma hierarquia sistemática de posições sociais cujos ocupantes são tratados como superiores, iguais ou inferiores entre si, em aspectos socialmente importantes. Os estratos sociais são coletividades de pessoas que ocupam posições do mesmo padrão ou de um padrão similar.

Em outras palavras, *estratificação social* é a distribuição das pessoas de acordo com as atividades que exercem e os papéis que desempenham na estrutura de determinada sociedade.

Perguntas & respostas

Como mensurar as classes sociais ou estratificar as camadas sociais?

De acordo com Stavenhagen (1973), embora a estratificação ocorra nas sociedades humanas em geral, os critérios seguidos, sejam qualitativos, sejam quantitativos, dependem basicamente do observador, isto é, são fatores que o analista considera essenciais para fazer essa classificação.

Então, se os critérios de classificação seguem fatores históricos (das sociedades), culturais e, ainda, de certa forma, pessoais, é certo que haverá, ao longo da história e nas diversas sociedades humanas, muitas diferenças de parâmetro. Por exemplo, na Índia há um sistema de castas; na Europa Ocidental, durante o feudalismo (Idade Média), havia os estamentos; e, no capitalismo contemporâneo, há classes sociais (sociedade capitalista).

1.4.1.1 Castas

De acordo com Hirano (1974), as castas são sistemas sociais determinados pela condição de nascimento, ou seja, as pessoas já nascem em determinada camada social e não são permitidas a ascensão nem a mudança para outro nível.

Figura 1.8 – Castas indianas

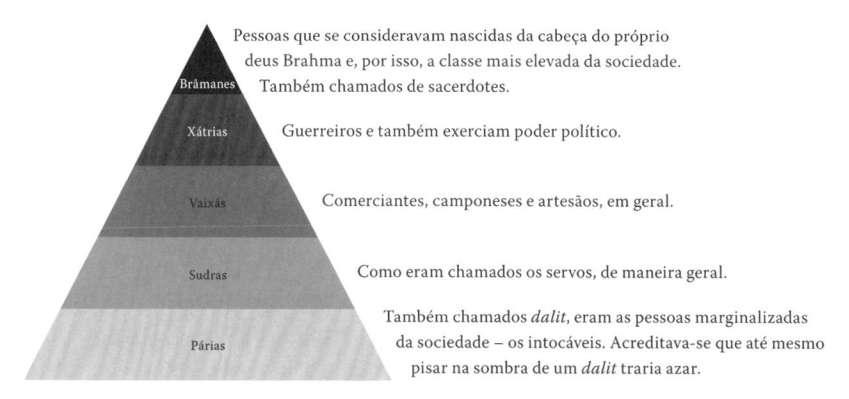

- **Brâmanes**: Pessoas que se consideravam nascidas da cabeça do próprio deus Brahma e, por isso, a classe mais elevada da sociedade. Também chamados de sacerdotes.
- **Xátrias**: Guerreiros e também exerciam poder político.
- **Vaixás**: Comerciantes, camponeses e artesãos, em geral.
- **Sudras**: Como eram chamados os servos, de maneira geral.
- **Párias**: Também chamados *dalit*, eram as pessoas marginalizadas da sociedade – os intocáveis. Acreditava-se que até mesmo pisar na sombra de um *dalit* traria azar.

Esse sistema era totalmente rígido e até mesmo os casamentos ocorriam somente entre pessoas da mesma casta. Embora tenha sido abolida oficialmente em 1947, resquícios dessa tradição perduraram culturalmente em toda a Índia durante longo tempo. Há, inclusive, locais onde, ainda hoje, esse sistema vige, mas de modo não oficial.

1.4.1.2 Estamentos

Esse sistema é bastante semelhante ao das castas, mas permite certa flexibilidade, uma vez que, nele, a mobilidade social é aceitável (embora a possibilidade de que ela ocorra seja quase nula). Por exemplo, a mobilidade social poderia ocorrer, caso alguém pobre ou um servo fosse convocado, a pedido do rei, para prestar serviços à igreja, ou quando alguém recebesse um título de nobreza por algum gesto de bravura.

Contudo, na grande maioria dos casos, quem nascia pobre morreria pobre, bem como quem nascia rico seria sempre rico, e essa condição advinha de determinação divina. Assim, de certa forma, esse sistema representa também uma visão teocêntrica.

1.4.1.3 Divisão de classes sociais

Como já mencionamos, no capitalismo, a relação de produção se divide entre proprietários e não proprietários dos meios de produção, e isso resulta em duas classes antagônicas: de um lado, a burguesia (que se apropria dos bens produzidos) e, de outro, o proletariado (que vende sua força de trabalho à burguesia e fica numa posição econômica inferior).

De acordo com Priestland (2014), uma das características do modo de produção capitalista é a divisão social do trabalho, em que os meios de fabricação incluem instrumentos como ferramentas, máquinas e equipamentos, além do local de trabalho e de tudo o que envolve a produção de bens. A classe proletária não tem a posse desses meios, mas somente a força de trabalho.

Nascido desse sistema, há o conceito de classes sociais, que

> Embora seja difícil, se não impossível, encontrar uma definição de Classe social que conte com o consenso dos estudiosos ligados a diversas tradições políticas e intelectuais, todos estão de acordo em pensar que as classes sociais são uma consequência das desigualdades existentes na sociedade. [...] O conceito de Classe envolve dois aspectos compatíveis entre si, mas frequentemente acentuados de modo muito diverso pelos vários autores: de um ponto de vista teórico, [...] o conceito de Classe serve para identificar os agrupamentos que emergem da estrutura das desigualdades sociais; de um ponto de vista histórico, serve para identificar os que se constituem em sujeitos do curso da história, ou seja, as coletividades que se apresentam como artífices do devir da sociedade no tempo. (Cavalli, 1998, p. 169-171)

> Pela primeira vez na história, o Brasil atingiu a taxa de 30 assassinatos para cada 100 mil habitantes, em 2016, segundo o Atlas da Violência 2018, com base em dados do Ministério da Saúde. Com 62.517 homicídios, a taxa chegou a 30,3, que corresponde a 30 vezes a da Europa. Antes de 2016, a maior taxa havia sido registrada em 2014, com 29,8 por 100 mil habitantes.

> Segundo o estudo, elaborado pelo Ipea e pelo Fórum Brasileiro de Segurança Pública, nos últimos dez anos, 553 mil pessoas perderam a vida vítimas de violência no Brasil. Em 2016, 71,1% dos homicídios foram praticados com armas de fogo.

"O Brasil está entre as nações com as maiores taxas de homicídio do mundo. Se você olhar os dados mais recentes, vai ver que as tendências mundiais não mudam muito. A gente compete em geral, na América do Sul, com a Colômbia, mas que vêm de um círculo virtuoso porque tem experiências bem-sucedidas de redução de homicídios, como o que vem acontecendo em Bogotá. E a gente só perde para Honduras e El Salvador, que são países com taxas de homicídios maiores", diz Samira Bueno, diretora executiva do Fórum Brasileiro de Segurança Pública.

A Organização Mundial da Saúde possui dados confiáveis apenas de parte dos países do mundo. A maioria dos países africanos, por exemplo, fica de fora dessa lista de dados de alta qualidade, o que dificulta comparações mais amplas. Ainda assim, com os números disponíveis, é possível ver que as taxas de mortes violentas são muito mais altas nas Américas do que no restante do mundo. A Europa e a Oceania têm os números mais baixos, sem alterações entre 2000 e 2013. (Acayaba; Polato, 2018)

Portanto, no sistema capitalista, a distribuição econômica é fator determinante para a organização das classes sociais.

Figura 1.9 – Tipos gerais de classes sociais

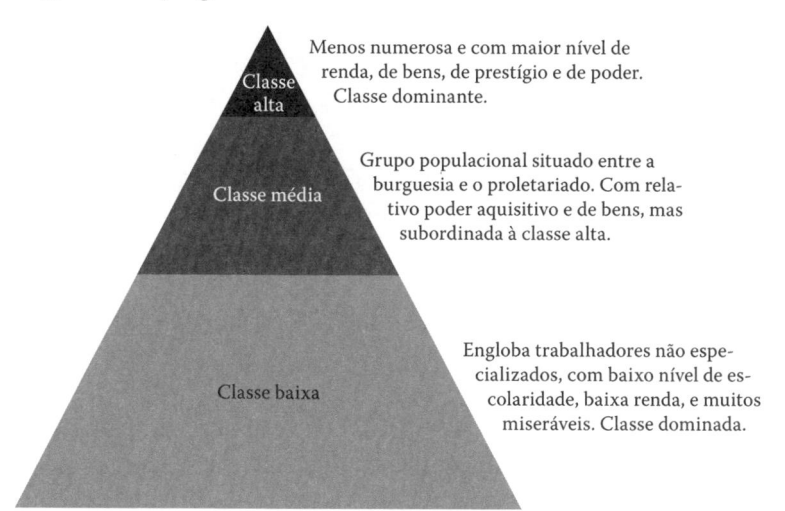

Classe alta: Menos numerosa e com maior nível de renda, de bens, de prestígio e de poder. Classe dominante.

Classe média: Grupo populacional situado entre a burguesia e o proletariado. Com relativo poder aquisitivo e de bens, mas subordinada à classe alta.

Classe baixa: Engloba trabalhadores não especializados, com baixo nível de escolaridade, baixa renda, e muitos miseráveis. Classe dominada.

De acordo com Engels e Marx (1985), além de marcar as distâncias sociais, o conceito de *classes sociais* delimita, na sociedade, um conflito de interesses: dos que querem ascender e ter melhores condições de vida e dos que estão confortáveis com o sistema. Vejamos, a seguir, um estudo acerca das classes sociais no Brasil, com dados do ano de 2017.

Estudo apontam que até 900 mil pessoas deixaram as classes A e B

[...]

Segundo os cálculos do Bradesco, baseados em pesquisas domiciliares do Instituto Brasileiro de Geografia e Estatística (IBGE), 900 mil pessoas deixaram de integrar as classes A e B no ano passado. Somente na classe A – composta por famílias com renda mensal de R$ 11.001 ou mais – foram 500 mil a menos. Essa elite passou a ser formada por 10,3 milhões de indivíduos em 2017, o que representava 4,9% da população.

Um cálculo paralelo da LCA Consultores identificou a mesma tendência, ainda que com declínio menos acentuado. Para a consultoria, 441 mil pessoas deixaram as classes A e B em 2017. O retrocesso foi maior na classe A – pelo critério da consultoria, renda familiar per capita superior a R$ 3.566. O contingente desse topo social recuou de 13,1 milhões para 12,8 milhões de pessoas, uma baixa de 2,3%.

[...]

Como outros cálculos do tipo, as estimativas foram feitas pelo critério de renda. Especialistas em geral admitem que o conceito de classes sociais pode conotar mais do que isso, como nível de escolaridade, segurança econômica, casa própria e, mesmo, características mais subjetivas, como autoimagem. Não existe, contudo, uma definição oficial e consensual sobre classes.

[...]

Boa parte das pessoas que desceram o degrau social – por essa ótica da renda – passou a integrar a classe C. Essa tendência também foi identificada nas duas estimativas: do banco e da

> consultoria. O Bradesco estimou que a classe C era composta por 113,1 milhões de pessoas no ano passado, 3,9 milhões a mais na comparação ao ano anterior. Ela representava pouco mais da metade da população: 54%. [...]
>
> Fonte: Villas Bôas, 2018.

Ainda de acordo com Engels e Marx (1985), embora sejam categorias históricas que se alteram ao longo do tempo conforme as circunstâncias econômicas, políticas e sociais, as contradições de classes se mantêm. E é daí que advém o conceito de *luta de classes*, que se baseia nos modos como os menos privilegiados lutaram, em diferentes épocas, para garantir seus interesses. Analisar essa dinâmica fornece parâmetros para entendermos a história das sociedades em geral. Vale lembrar que, no conceito marxista, existem apenas duas classes: a burguesia e o proletariado.

1.4.2 Desigualdade social

Da relação antagônica e conturbada entre as classes dominante e dominada, que nasce principalmente no seio da produção social, da apropriação de mercadorias e do lucro por parte da primeira, resulta a desigualdade social, que também podemos chamar de *desigualdade econômica*.

Como vimos, é dela que decorre a luta entre classes, na qual, de um lado, a classe trabalhadora clama por melhores condições e por acesso ao que é básico à subsistência do ser humano e, de outro, a classe burguesa explora a primeira para acumulação de seu capital, não proporcionando a ela condições humanas de sobrevivência e acesso à riqueza. Dessa forma, a maioria da população fica "subordinada" a uma minoria.

Presente em quase todos os países do mundo, a desigualdade entre classes é uma constante na sociedade capitalista porque é praticamente impossível equiparar o quanto as pessoas ganham e proporcional que todas as pessoas tenham as mesmas quantidades de bens materiais.

Historicamente, nesse modo de produção, a diferença entre classes é expressa pelos postos de trabalho (um vale mais do que outro e, portanto, ganha mais do que aquele), mas esse é um fator que exprime muito mais do que isso porque, sem acesso a bens materiais básicos, as pessoas também são privadas de bens culturais e históricos.

Portanto, a má distribuição de riqueza não é o único fator que causa a desigualdade num país; ela advém também de uma cadeia de privações de oportunidades. Vejamos a Figura 1.10.

Figura 1.10 – Fatores que geram desigualdade social

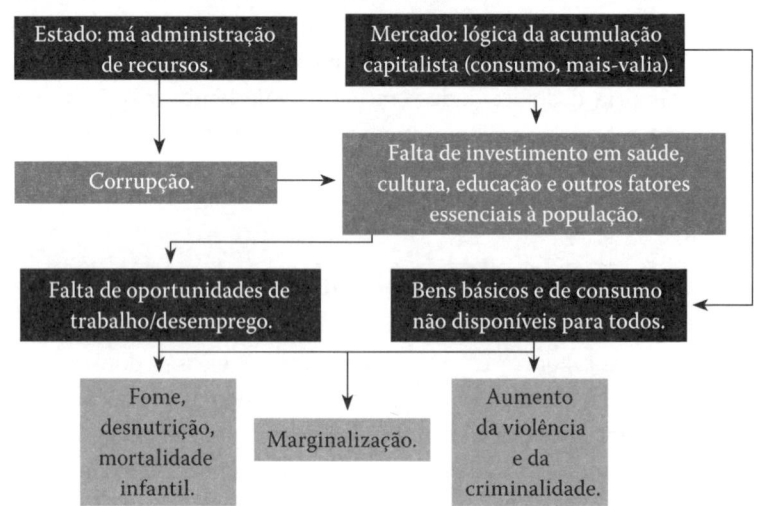

```
┌─────────────────────────┐      ┌─────────────────────────────┐
│ Estado: má administração│      │ Mercado: lógica da acumulação│
│      de recursos.       │      │ capitalista (consumo, mais-valia).│
└───────────┬─────────────┘      └──────────────┬──────────────┘
            │                                    │
            ▼                                    ▼
    ┌──────────────┐         ┌──────────────────────────────────┐
    │  Corrupção.  │────────▶│ Falta de investimento em saúde,  │
    └──────┬───────┘         │ cultura, educação e outros fatores│
           │                 │     essenciais à população.       │
           ▼                 └──────────────────┬───────────────┘
┌───────────────────────┐    ┌──────────────────────────────────┐
│ Falta de oportunidades│    │ Bens básicos e de consumo        │
│ de trabalho/desemprego.│   │ não disponíveis para todos.      │
└──────────┬────────────┘    └──────────────┬───────────────────┘
           │                                 │
           ▼                                 ▼
┌──────────────┐  ┌────────────────┐  ┌──────────────┐
│   Fome,      │  │                │  │  Aumento     │
│ desnutrição, │  │ Marginalização.│  │ da violência │
│ mortalidade  │  │                │  │    e da      │
│  infantil.   │  │                │  │ criminalidade.│
└──────────────┘  └────────────────┘  └──────────────┘
```

As diferenças salariais e de postos assumidos em uma mesma empresa também são fatores de conflito – e até mesmo algumas pessoas que não fazem parte da classe reivindicadora, mas que se identificam com as demandas dela, participam desse debate – o que agrava ainda mais as contradições na sociedade capitalista. O Estado tem o papel de equilibrar essas situações, no entanto, apresenta dificuldades para resolvê-las, pois, já que tem natureza burguesa, acaba se mostrando nada mais do que um afirmador dessas contradições (Lênin, 1977; Paulo Netto, 1996).

Além disso, como mostrado na Figura 1.9, o Estado, que deveria ser provedor de recursos, por causa de fatores como corrupção e má distribuição de recursos, não proporciona à população condições de saúde adequadas e educação de boa qualidade. Consequentemente, sem esses recursos, é muito difícil que as pessoas consigam ingressar em bons cargos de trabalho e, consequentemente, não terem acesso a bens históricos e culturais. Como consequência, a desigualdade social é fator predominante para mazelas como fome e mortalidade infantil. Além disso, as pessoas socialmente excluídas também têm o desejo de ter acesso a bens, e disso decorre o aumento da criminalidade.

Então, essa relação dicotômica entre burguesia e proletariado resulta na luta de classes que constitui a sociedade capitalista, havendo uma relação de dominação de uma sobre a outra, que ultrapassa a questão econômica e atinge para o âmbito ideológico, gerando possíveis situações de enfrentamento que ameaçam o *status quo* da burguesia.

Porém, ao contrário da sociedade feudal e das culturas anteriores, no capitalismo, é possível, embora seja raro, que as classes mais baixas galguem *status* econômicos (Oliveira, 1997).

1.4.3 Mobilidade social

De acordo com Giddens (2001), podemos entender como *mobilidade social* a transição de pessoas ou de grupos para condições socioeconômicas diferentes, ou seja, a passagem de uma posição social para outra. Obviamente, existem indivíduos e grupos que não conseguem fazer essa transição, porque possibilidades de isso ocorrer frequentemente independem de fatores de pessoais. Há, basicamente, dois tipos de mobilidade:

※ **Mobilidade social horizontal** — Quando acontece uma alteração de posição no mesmo grupo (que pode se dar por muitos fatores), mas não há alteração de classe social. Por exemplo, se um trabalhador do interior do estado muda com a família para a capital, significa que haverá certa mobilidade na sua posição social, mas, se não ocorrer aumento ou diminuição de renda e de aquisição de bens, ele permanece na mesma classe social. É importante lembrar que se classificam na mesma classe social os rendimentos de um valor x até um valor y; ou seja, ainda que o trabalhador aumente seus rendimentos, pode ser que ele se mantenha na mesma classe social, mas com maior poder aquisitivo.

- **Mobilidade social vertical** — Quando há a alteração de classe social, seja de uma baixa para uma alta (que chamamos de *mobilidade ascendente*) ou de uma alta para uma baixa (que chamamos de *mobilidade descendente*).

Portanto, quando dizemos que uma sociedade é *estratificada*, significa que não há mobilidade social nela, ou que as chances de ocorrer são quase nulas, como é o caso das castas, por exemplo, uma vez que são as condições de nascimento que determinam a classe social. Em contrapartida, como visto na seção 1.4.2, embora na sociedade capitalista a possibilidade de mobilidade social exista, ela dependerá, entre outras coisas, de fatores como acesso à educação e à saúde de qualidade.

Assim, não se trata apenas de uma questão de oportunidades, mas de condições estruturais que deem acesso às mesmas possibilidades, oferecendo a todos os indivíduos as mesmas condições objetivas para transporem de uma classe para outra. Ideia que é frequentemente sustentada pelo discurso da meritocracia, mas que, sabemos, não se verifica na realidade social do capitalismo.

Perguntas & respostas

O que é meritocracia e por que dizemos que esse sistema não se verifica em nossa realidade social?

Meritocracia é o sistema hierárquico que se baseia no seguinte preceito: os que têm mais "méritos" pessoais, as pessoas mais dedicadas e, portanto, mais merecedoras, têm cargos melhores e salários melhores do que as pessoas "menos dedicadas".

Porém, vamos pensar isso num âmbito geral: de um lado, temos um indivíduo x, que estudou nas melhores escolas particulares, teve plano de saúde a vida toda, seus pais custearam toda a sua educação, até sua formação acadêmica plena, e o presentearam a cada mérito, além de viver em uma casa estruturada e confortável, em um bairro seguro. Esse mesmo indivíduo nunca precisou se preocupar com o pagamento de nenhuma conta.

De outro lado, temos um indivíduo y, que concluiu seus estudos básicos em escolas públicas de precárias condições, sem acesso a cuidados médicos de qualidade, com pais periodicamente desempregados e com salários baixos, vivendo em um bairro violento, com preocupações constantes acerca do rendimento da família, tendo que trabalhar em contraturno para ajudar com as despesas da casa. Com uma bolsa de estudos, ele conseguiu entrar na faculdade. De acordo com o discurso meritocrático, esses dois indivíduos teriam as mesmas chances em uma disputa de uma vaga de emprego, por exemplo. Você concorda?

Podemos, ainda de acordo com Giddens (2001), relacionar diretamente o sucesso da democracia de um país à capacidade de mobilidade social de sua população. Apenas com direitos iguais e condições de desenvolvimento semelhantes um indivíduo de uma família pobre (independentemente de fatores como raça, gênero, local de nascimento etc.) teria chances de galgar *status* social e posições privilegiadas em relação às de sua origem. A mobilidade social ascendente é — ou deveria ser — algo desejável tanto para o Estado quanto para a sociedade de maneira geral.

1.4.4 Consciência social e de classe

Como vimos até aqui, dentro de uma mesma classe social, é possível que existam também divisões e, obviamente, os indivíduos têm aspirações e modos de viver diferenciados. Além disso, no sistema vigente, ascender de uma classe para outra não é simples nem rápido — sem contar que, muitas vezes, a possibilidade é remota —; isso depende de muitas questões que vão além das vontades e das capacidades pessoais de cada indivíduo.

Consciência social de classe é uma expressão que designa a percepção das reais condições sociais e econômicas de uma pessoa ou a tomada coletiva de consciência da condição de exploração a que ela está submetida, reivindicando-se, a partir disso, melhores condições para si e para seus pares (Engels; Marx, 1985).

Acontece que, com a finalidade de manter o estado atual de desigualdade natural do capitalismo, o discurso de que a mobilidade social é possível aos mais esforçados é usado como forma de neutralizar a relação antagônica entre classes. Logo, falar sobre uma consciência social e de classe é um tanto quanto ilusório. De acordo com Engels e Marx (1985), a consciência de classe só seria possível mediante uma identidade coletiva, isto é, a classe trabalhadora conquistando o poder da burguesia e dando uma direção social aos modos de produção.

> Os indivíduos que constituem a classe dominante possuem entre outras coisas uma consciência, e é em consequência disso que pensam; na medida em que dominam enquanto classe e determinam uma época histórica em toda a sua extensão, é lógico que esses indivíduos dominem em todos os sentidos, que tenham, entre outras, uma posição dominante como seres pensantes, como produtores de ideias, que regulamentem a produção e a distribuição dos pensamentos de sua época; as suas ideias são, portanto, as ideias dominantes de sua época. (Marx; Engels, 1999, p. 62-63)

Assim, a ideia dominante é a de que, no modo de produção capitalista, mesmo sob condições desiguais de acesso a bens e direitos básicos, todas as pessoas têm direto à liberdade e à igualdade de oportunidades, difundindo-se ainda a ideia de que o Estado é neutro (Marx; Engels, 1999), pois tais pressupostos favorecem a manutenção da classe dirigente em sua posição.

Síntese

Neste capítulo, discutimos alguns dos conceitos mais importantes ao estudo da formação do Estado (e suas características) e da sociedade civil. Nesse sentido, vimos que *Estado* é uma entidade com poder soberano que, dentro de uma determinada área um (país, por exemplo), impõe regras para governar sua população.
Sempre que um grupo de cidadãos se une, em uma instituição organizada e coletiva, para reivindicar, tomar decisões públicas, defender direitos políticos e sociais ou propor demandas em favor da população, há uma sociedade civil. A sociedade civil garante a representação popular nas decisões do Estado.
Também verificamos que o Estado surgiu como instituição para o exercício do controle social e a superação de problemas existentes no sistema capitalista. Na formação do Estado moderno, podemos perceber algumas fases:

- Estado absolutista – O rei assume a administração econômica (mercantilista), a justiça e o poder militar, tornando-se o poder absoluto na sociedade.
- Estado liberal – Uma parte da população tem direito a voto (detentores de posses e, principalmente, a burguesia); privilegiam-se as iniciativas particulares e a intervenção estatal na vida do cidadão é mínima.
- Estado de bem-estar social – Os objetivos centrais são ofertar padrões de vida mínimos aos cidadãos, desenvolver a produção de bens e serviços sociais, legalizar o movimento dos trabalhadores e garantir o pleno emprego à população.
- Estado Neoliberal – As questões políticas são direcionadas ao fator econômico em detrimento do desenvolvimento humano; busca retomar alguns dos ideais primeiros do liberalismo.

Mais adiante, verificamos os aspectos do capitalismo, sobretudo como se deu seu aparecimento no mundo moderno e sua evolução até o perfil que vigora hoje em dia. Abordamos algumas de suas características mais proeminentes: a estratificação social (distribuição das pessoas em diferentes estratos ou classes), a desigualdade social (diferenças nas condições de vida entre as classes), a mobilidade social (capacidade de transposição dos estratos sociais) e a consciência social de classe (percepção individual ou coletiva sobre a própria condição de exploração).

Para saber mais

Livro

ENGELS, F.; MARX, K. **Obras escolhidas**. Lisboa: Avante, 1985. v. 3.

As obras escolhidas de Engels e Marx são imprescindíveis para estudarmos tanto a sociedade contemporânea quanto as relações que nela acontecem.

Filmes

CAPITALISMO: uma história de amor. Direção: Michael Moore. EUA: Overture Films, 2009. 126 min.

Nesse filme, o diretor Michael Moore faz apresenta o estilo de vida americano e suas consequências. Além disso, há uma discussão acerca dos ideais de liberdade, previstos na Constituição dos EUA e como, de um lado, esses princípios influenciaram posteriormente as constituições de diversos países e, de outro lado, como foram amplamente corrompidos por esquemas gerados pelo capitalismo.

O ENCOURAÇADO Potemkin. Direção: Sergueï Mikhailovich Eisenstein. Rússia, 1925. 72 min.

Em sua obra cinematográfica, o diretor Sergueï Mikhailovich usa a representação de uma revolução que ocorreu em um navio (um fato histórico do ano 1905) como temática central para abordar o poder das manifestações populares, sobretudo sua grande capacidade de mudança. Há também abordagens sobre os pontos de divergência política entre direita e esquerda, entre Oriente e Ocidente e sobre injustiças sociais.

Questões para revisão

1. Sobre o conceito de *Estado* e seu processo de desenvolvimento histórico, analise as afirmativas a seguir e assinale V para as verdadeiras e F para as falsas.

   ( ) Locke propõe um Estado liberal, no qual o indivíduo tem liberdade econômica e social e o Estado não tem o direito de interferir na economia.

   ( ) Rousseau defende que não deve haver diferenças de poderes entre Estado e sociedade e que o diálogo entre essas duas instâncias deve acontecer por meio de assembleias. Além disso, ele propõe que deve existir isonomia jurídica, de forma que todas as pessoas sejam iguais perante a lei.

   ( ) Para Kant, o Estado deve assumir uma perspectiva conservadora e tem papel de manter a coesão social e a harmonia da vida em sociedade, ou seja, manter a classe operária submissa ao órgão maior: o Estado burguês.

   ( ) De acordo com Weber, todos os cidadãos devem ser vistos como iguais, regidos por uma lei maior, que respeite os princípios de liberdade e de dependência do povo. Além disso, o Estado, deve ser social, de forma que atenda aos interesses da população, sem ser indiferente aos problemas sociais.

( ) Na perspectiva de Hobbes, para impedir que os seres humanos se destruam (em decorrência de sua natureza combativa e animal), é preciso formar contratos, por meio dos quais os homens se submetem às vontades do Estado, que, por sua vez, tem a função de conter a natureza dos indivíduos e conservar a vida deles, com autoridade inquestionável.

( ) Para Marx, a sociedade civil é o conjunto de relações econômicas que explica o surgimento do Estado e das leis. Por sua vez, ao Estado cabe garantir a estrutura econômica, que é burguesa, pressupondo contradições e desigualdades sociais e econômicas. É por isso que ele defende as revoluções da classe proletária.

Agora, assinale a alternativa que corresponde à sequência correta.

a) F, V, V, F, F, V.
b) V, V, F, F, V, V.
c) V, F, V, F, V, F.
d) F, V, F, F, V, V.
e) V, V, V, F, V, F.

2. Sobre os tipos de governo, avalie as afirmativas a seguir.

I) Em uma república, o chefe do Estado é eleito pelos cidadãos, por tempo limitado, até que sejam feitas novas eleições.

II) Se o sistema de governo for oligárquico, significa que o regime é antidemocrático e todo o poder é centrado no chefe de Estado – não se admitem oposições ou contrariedades.

III) Em uma democracia, a soberania está nas mãos do povo.

IV) Em uma ditadura ou em um regime totalitário, o poder político é mantido por meio de permanente propaganda política, transmitida pelos meios de comunicação, cujo controle é estatal. Há também forte culto à personalidade de um líder absoluto.

V) Em uma gerontocracia, o poder fica nas mãos dos anciãos, as pessoas mais velhas.

Agora, assinale a alternativa correta:
a) São verdadeiras as afirmativas I, III, IV e V.
b) São verdadeiras as afirmativas I, IV e V.
c) São verdadeiras as afirmativas II, III, IV.
d) São verdadeiras as afirmativas II, III e V.
e) São verdadeiras as afirmativas II e IV.

3. Sobre as características das sociedades ao longo do tempo, assinale a alternativa correta:

a) Na sociedade feudal, o rei concedia propriedades aos senhores feudais (nobres), uma vez que, para ele, seria difícil dar conta de cuidar de todas as terras que possuía. Em troca, os nobres juravam fidelidade ao monarca, mas nem sempre precisavam dar ajuda militar.
b) O regime escravista veio logo após o regime feudal. Era necessário ter mais mão de obra para produção, de forma que os trabalhadores dos feudos passaram a não dar conta das demandas. Assim, gradualmente, os feudos e os trabalhadores feudais foram substituídos por mão de obra escrava, já que havia muitos prisioneiros de guerra.
c) As primeiras noções de propriedade privada aconteceram com a descoberta da agricultura, ainda na Pré-História. Ao perceber que poderiam cultivar alimentos, os seres humanos dessa época puderam fixar-se em locais e deixaram de ser nômades. Além disso, foi possível criar animais e fazer uma divisão social do trabalho mais adequada, de forma que, pela primeira vez, houve excedentes de gado, leite, couros e peles e, por isso, os homens começaram a trocar mercadorias.
d) Quando o capitalismo se consolidou, as populações rurais passaram a migrar para as cidades, já que lá viveriam em melhores condições, e não mais em modo de servidão (como era sob o domínio do senhor feudal). Ao migrar, as pessoas tinham a opção de empregar sua força de trabalho na indústria, na qual a remuneração era justa.

4. Podemos classificar que, contemporaneamente, ultrapassamos o capitalismo financeiro e passamos a viver o capitalismo informacional? Justifique.

5. Na teoria, Estado de bem-estar social foi focado no benefício da população. No entanto, já em meados dos anos 1970, alguns países abandonaram esse modo de governo. Quais foram as justificativas para isso?

Questões para reflexão

1. Com base em todas as teorias que estudamos neste capítulo, você considera possível afirmar, numa perspectiva crítica, que o Brasil se encaminha para um quadro de superação das desigualdades sociais, sobretudo no aspecto econômico?

2. No Brasil, costuma-se afirmar que todos os cidadãos têm condições iguais de vencer na vida, com base na meritocracia. Você concorda com essa afirmação? Por quê?

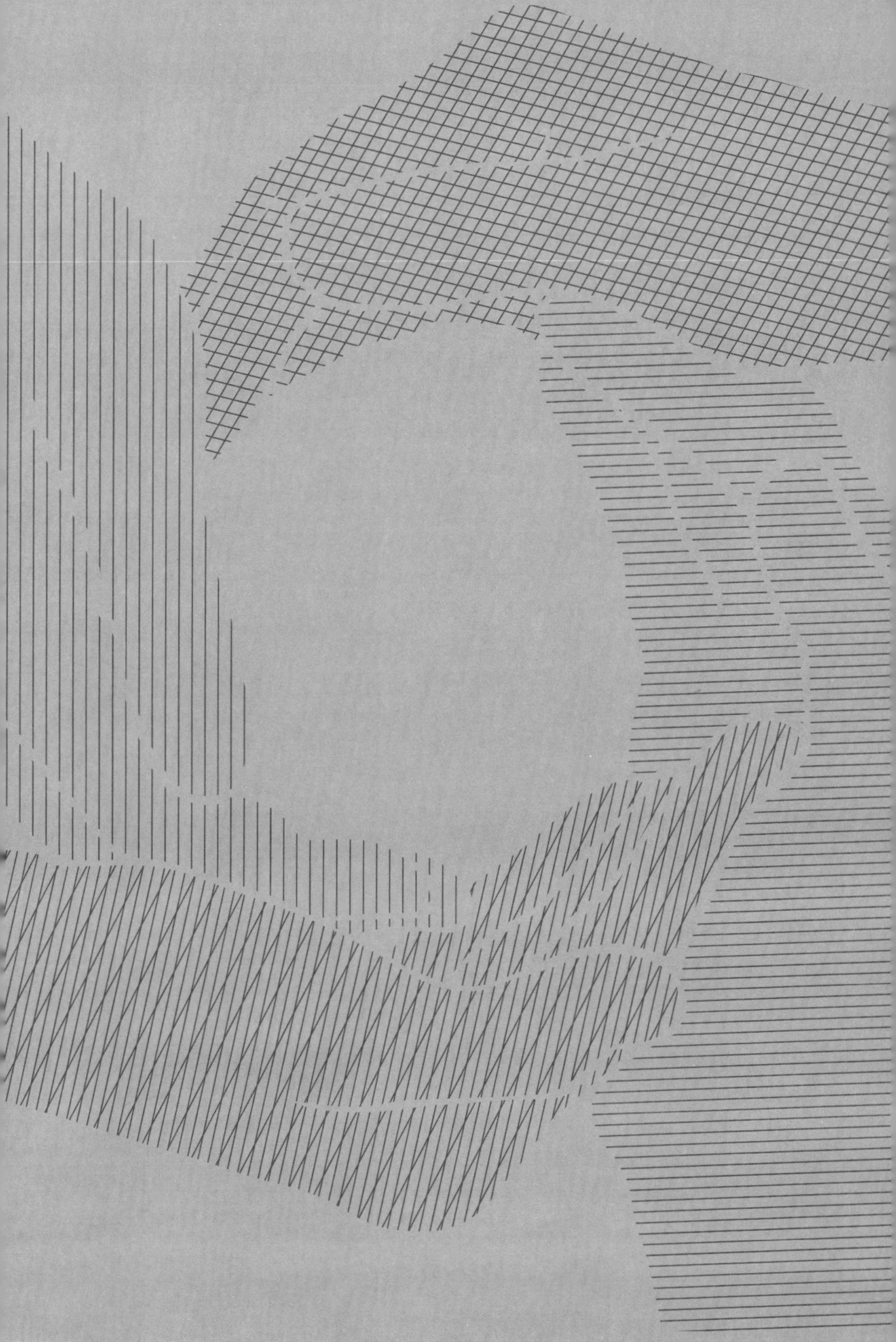

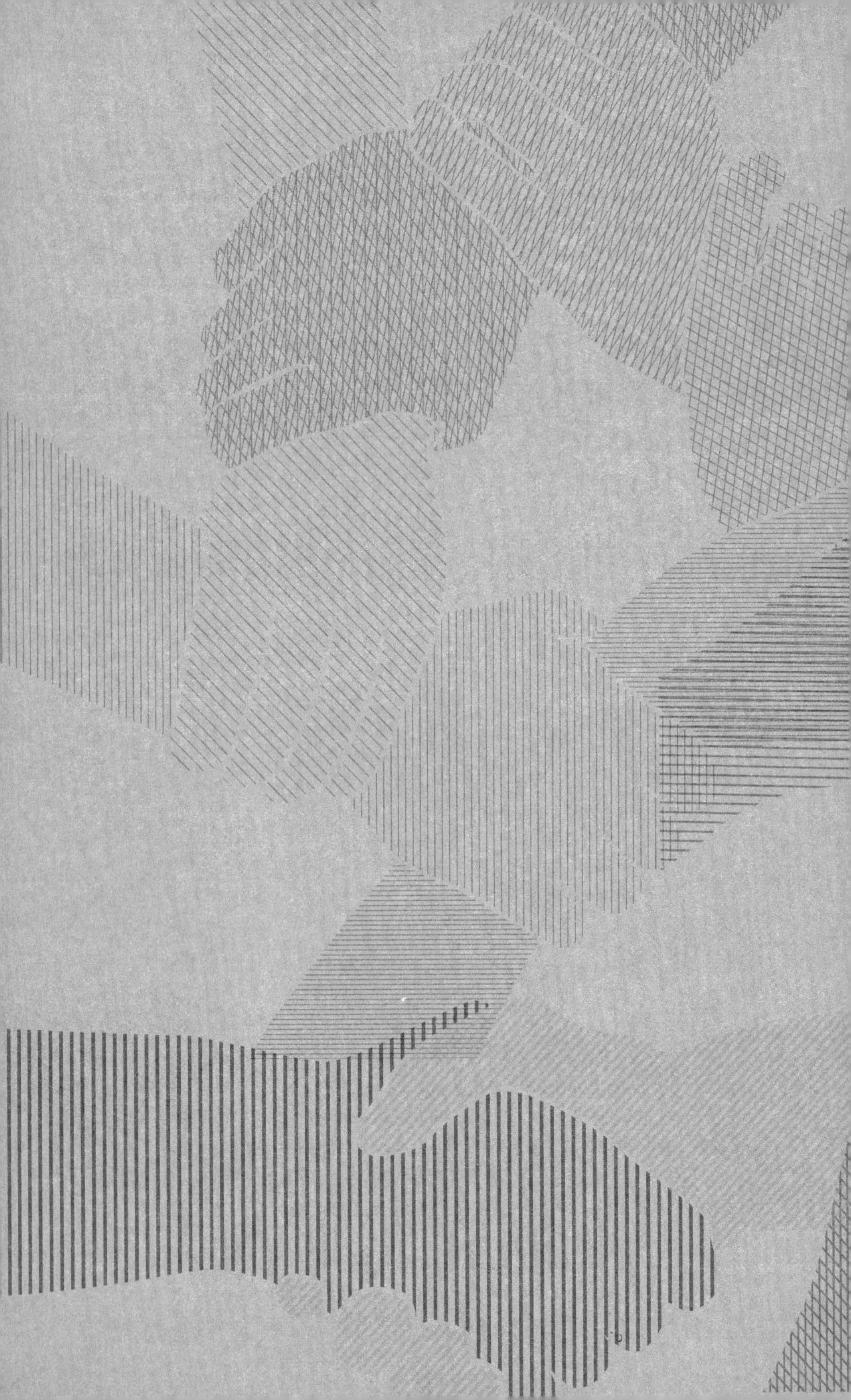

CAPÍTULO 2

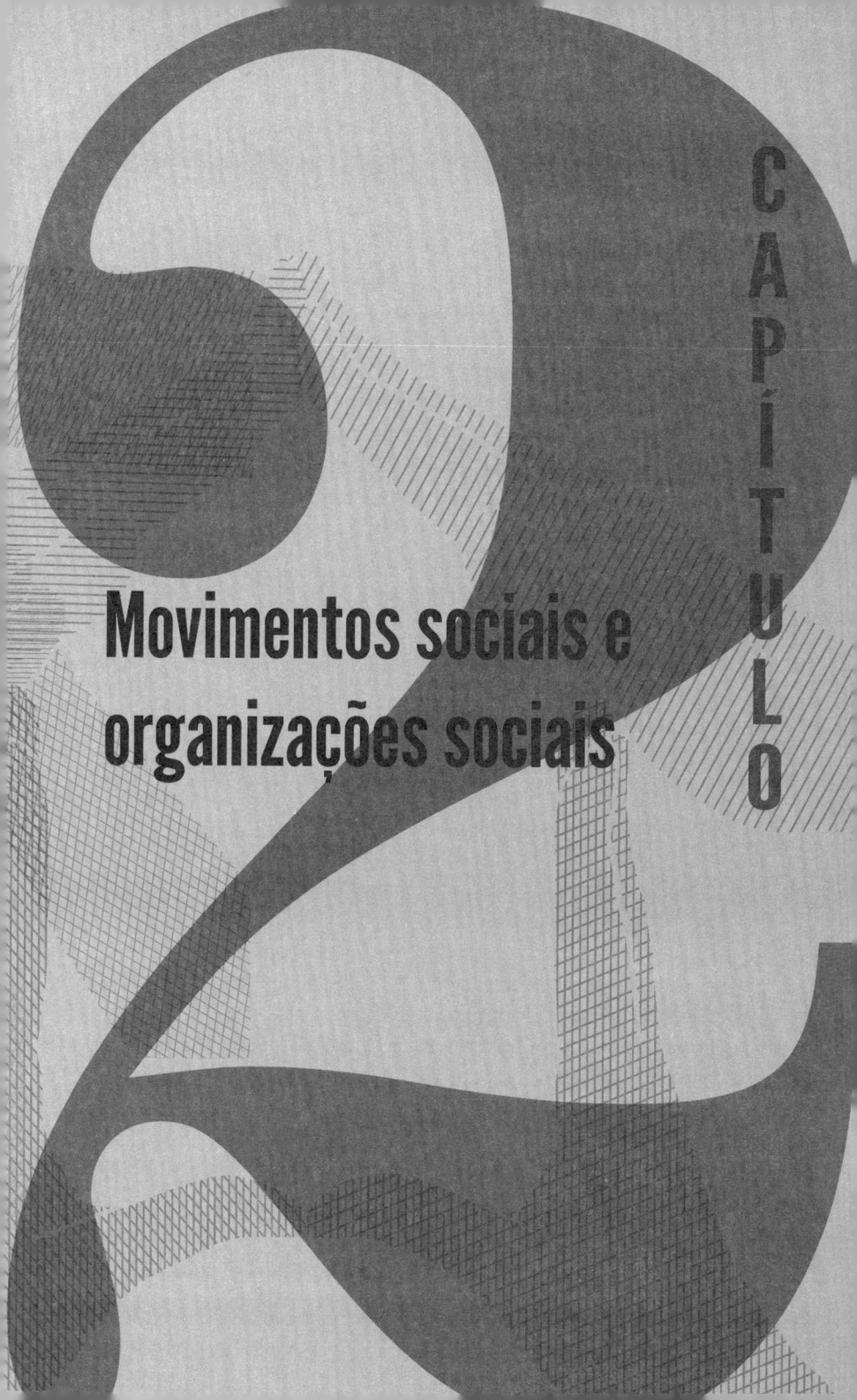

Movimentos sociais e organizações sociais

Conteúdos do capítulo:

- Conceito e história dos movimentos sociais.
- Principais movimentos sociais em âmbito mundial.
- Principais movimentos sociais no Brasil.
- Constituições brasileiras.
- Organizações da sociedade civil.
- Relações entre Estado e terceiro setor.
- Formas de atuação do assistente social nas organizações sociais.

Após o estudo deste capítulo, você será capaz de:

1. compreender a importância e a necessidade dos movimentos sociais;
2. descrever os principais movimentos sociais estabelecidos no Brasil e no mundo, bem como sobre suas principais conquistas e de que forma eles foram revolucionários;
3. reconhecer, de modo geral, desde a ditadura militar até o regime democrático, qual foi a participação da esfera popular, principalmente no que se refere a lutas e a reivindicações;
4. identificar as sete constituições brasileiras e o que elas estabeleceram;
5. distinguir uma organização da sociedade civil de interesse público (Oscip) e uma organização não governamental (ONG);
6. determinar, de modo geral, o primeiro, o segundo e o terceiro setores e como eles se relacionam no que se refere às demandas sociais;
7. analisar as formas de atuação do assistente social nas organizações sociais.

Neste capítulo, analisaremos os aspectos históricos e teórico-conceituais dos movimentos sociais, ou seja, suas origens no mundo e também no Brasil, observando os fundamentos das lutas políticas e sociais, com foco nos movimentos mais expressivos. Abordaremos também as organizações sociais e sua ligação com movimentos sociais, que nasce da necessidade de reivindicar questões específicas relativas a temas como, meio ambiente, questão de gênero e segmentos populacionais (mulheres, idosos, crianças e adolescentes, entre outros).

2.1 Movimentos sociais

Como vimos no Capítulo 1, os conceitos de *sociedade* e de *Estado* e as funções de ambos dependem do momento histórico e das relações sociais estabelecidas no mundo. Com os movimentos sociais não poderia ser diferente: o entendimento que formulamos a respeito do conceito de *lutas sociais* também muda ao longo do tempo porque, como elas estão diretamente vinculadas à sociedade, seu entendimento das pessoas que estão vivendo naquela época e dos interesses delas.

Antes de entrarmos no mérito das lutas sociais, precisamos entender o que é *movimento social*. De maneira geral, todos nós fazemos uma ideia do que significa esse conceito e podemos defini-lo como a expressão propriamente dita das organizações da sociedade civil que movimentam ações para reclamar seus direitos e suas demandas. Isso significa que é por meio de um movimento social — que pode se materializar por meio de passeatas, manifestações, ocupações, entre outros (sempre com critérios estabelecidos) — que determinados agentes da sociedade reivindicam por melhorias e resistem à exclusão social. Além disso, como é uma ação coletiva, frequentemente um movimento social causa sensação de pertencimento nos participantes, uma vez que estão unidos em prol de uma mesma causa, criando uma identidade.

De acordo com Scherer-Warren (1984, p. 12), os movimentos sociais "referem-se a um grupo mais ou menos organizado, sob uma liderança determinada ou não; possuindo um programa, objetivos ou plano comum; baseando-se numa mesma doutrina, princípios valorativos ou ideologia; visando um fim específico ou uma mudança social".

Podemos definir, então, que o movimento social tem uma estratégia comum ao grupo e é frequentemente voltado para uma mudança social e, por isso mesmo, tem o poder de manter esse grupo unido. Ferreira (2003, p. 146) define que

> Os conceitos definidores de movimento social referem-se à esfera das ações de grupos organizados para a conquista de determinados fins estabelecidos coletivamente, que partem de necessidades e visões específicas de mundo e de sociedade e objetivam mudar ou manter as relações sociais. Esses movimentos constituem parte integrante fundamental das sociedades, e são sufocados nas que são autoritárias e reconhecidos nas democráticas, devendo ser vistos e analisados como fenômenos internos aos constantes processos de mudança e conservação dos sistemas e estruturas sociais.

De acordo com Gohn (2014), existem algumas características essenciais aos movimentos sociais, que são: um conflito social, uma demanda, um projeto sócio-político, uma liderança, uma base e um antagonista.

Perguntas & respostas

Por que é preciso ter um antagonista?
Sempre que há um conflito social ou uma demanda social, quer dizer que, de alguma forma, há uma força antagônica que precisa ser combatida. Quando se forma um movimento pela igualdade racial, por exemplo, a principal força a ser combatida é o racismo, em prol de uma identidade étnica, de reconhecimento de culturas, de valores, de direitos humanos e, por vezes, de proteção de território que está em ameaçado de ser expropriado (como no caso das terras indígenas).

Vale destacar, ainda, que, de acordo com Medeiros (2014),

> É preciso fazer uma distinção entre movimentos sociais e protestos sociais. O simples fato de ir às ruas protestar contra a corrupção, por exemplo, não caracteriza um movimento social. Uma ação esporádica, ainda que mobilize um grande número de manifestantes, pode ter em seu coletivo representantes de movimentos sociais e populares, mas não caracterizam um movimento social como tal. Tais protestos e mobilização podem ser frutos da articulação de atores de movimentos sociais, ONG's, tanto quanto podem incluir cidadãos comuns que não estão necessariamente ligados a movimentos organizados como tais.

Nesse sentido, como os movimentos sociais dependem de contextos históricos e sociais, no passado, a maior parte deles esteve ligada a reivindicações trabalhistas. Porém, assim como muda a sociedade, mudam também as temáticas de reivindicação. Hoje, as demandas mais amplamente abrangentes apoiam causas como feminismo e identidade de gênero, entre outros temas. A seguir, analisaremos um breve histórico dos movimentos sociais.

2.1.1 Movimentos sociais na história

Ao longo da história da humanidade, houve alguns acontecimentos que marcaram fortemente a política e a sociedade de determinados países. Existem três momentos no contexto mundial contemporâneo que são os mais importantes e exemplares da expressão dos movimentos sociais, sobretudo em virtude dos confrontos ideológicos e políticos que incitaram:

1. **Revolução Francesa** (1789-1799) — a França vivia sob um Estado absolutista, com a nobreza e o clero vivendo em condições muito diferentes daquelas dos súditos. A população em geral passava fome, vivia em condições precárias e sem acesso ao básico para sobreviver. Os gastos com a nobreza e o clero eram

exorbitantes, e a vida era luxuosa para essa pequena parcela da sociedade. A Revolução começou com um movimento em Paris que posteriormente se espalhou por toda a França: a luta pública reclamava a questão da desigualdade social profunda e, influenciadas pelas ideias iluministas, a população passou a exigir o corte dos gastos elevados da coroa. As pessoas tomaram a prisão da Bastilha e cravaram, como marco deste período, a Declaração dos Direitos do Homem e do Cidadão, derrubaram o poder absolutista, instauraram o trabalho urbano, conseguiram implantar o voto censitário e depois o sufrágio universal. A luta era motivada pela conquista de liberdade, igualdade e fraternidade (Oliveira, 2005).

2. **Revolução Industrial** — podemos definir a Revolução Industrial como o período que marca as lutas pelas alterações do trabalho rural pelo urbano (com a utilização de maquinaria), que trouxe sérias mudanças nas condições de trabalho e de vida dos operários. Em um primeiro momento, que foi mais concentrado na Inglaterra, entre os anos 1760 e 1860, surgiram as indústrias de tecidos de algodão e passaram a ser utilizadas as máquinas a vapor. Depois, entre 1860 e 1900, países como Alemanha, França, Rússia e Itália passaram por processos de industrialização em diferentes níveis e aumentou a utilização de aço, petróleo e até mesmo produtos químicos – foi um período de grandes inovações. Já nos séculos XX e XXI, podemos destacar o avanço do desenvolvimento tecnológico da era do computador, do *fax*, da internet e do celular, que se espalhou no mundo todo. Marcando esses três momentos da Revolução Industrial, os operários e os trabalhadores de indústrias perceberam que precisavam se unir para conseguir melhores condições de trabalho e mais direitos. Surgiram, assim, sindicatos e organizações de resistência à exploração do trabalho (Iglésias, 1981).

3. **Revolução Russa (1917)** — a Revolução Russa teve de um lado os bolcheviques, liderados por Vladimir Lênin e que tinham como lema "paz, terra, pão", e, de outro lado, os mencheviques, liderados por Georgy Plekanov e Yuly Martov, que acreditavam que a burguesia deveria liderar a nova república a ser constituída

após a queda do Czar Nicolau II. Com um golpe de Estado, provisoriamente o poder foi assumido pelo lado bolchevique, que implantou o socialismo e instituiu o Partido Comunista, terras foram redistribuídas para os trabalhadores do campo, bancos foram nacionalizados e fábricas passaram para as mãos dos trabalhadores. Depois da revolução, foi implantada a União das Repúblicas Socialistas Soviéticas (URSS), e ocorreu um período de crescimento econômico no qual esse país se tornou uma potência econômica e militar. Posteriormente, como vimos no Capítulo 1, houve o período da Guerra Fria, contra os Estados Unidos da América (EUA). A situação da população e dos trabalhadores deixou de ser democrática porque o Partido Comunista reprimia manifestações que considerava contrárias aos princípios socialistas (Reis Filho, 2004).

Além dessas três revoluções principais, houve muitas outras que marcaram a história do mundo. Já dentre elas, destacamos a luta dos negros pela igualdade de direitos civis, que foi um movimento liderado por ativistas como Malcom X (1965) e Martin Luther King (1968). É importante ressaltar, ainda, mais três episódios contemporâneos:

1. **Guerra do Vietnã (1960)** — Grande parte do mundo se posicionou contra a guerra, e podemos destacar o movimento *hippie*, que, num manifesto de contracultura, adotou como emblema "paz e amor", pregando a não violência e condenando o consumismo, criticando o conservadorismo da moralidade daquele período. A partir de 1968, houve muitas manifestações contra o autoritarismo capitalista e pelo fim da guerra, com revoltas na França, na Hungria e na Tchecoslováquia (Garcia; Vieira, 1999).
2. **Queda do muro de Berlim (1989)** — A população passou a protestar pelo fim da divisão da cidade de Berlim e pelo fim do regime comunista na Alemanha Oriental e, decorrente dessa pressão, o país foi reunificado em 1990: o muro foi derrubado pela própria população com picaretas e martelos (Garcia; Vieira, 1999).

3. **Revolução de Jasmim (2010)** — Na Tunísia, Mohammed Bouazizi, vendedor ambulante, teve sua mercadoria confiscada pelas autoridades por não pagar propina e, num ato de desespero, tocou fogo no próprio corpo. Como as populações de muitos países árabes viviam formas de opressão, desemprego, fome e pobreza, que o ato desesperado do jovem se tornou símbolo para a população que saiu às ruas por quase dois anos consecutivos (os protestos se alastraram da Tunísia para outros países árabes), reivindicando melhores condições humanas.

Podemos perceber, então, que os motivos que levam a movimentos sociais refletem diferentes posicionamentos ideológicos e políticos de um momento histórico, social e econômico e podem afetar diretamente a vida das pessoas. Nesse sentido, o movimento social se destaca pela organização de um grupo de pessoas com uma finalidade de luta em comum e que estão descontentes e não satisfeitas com sua condição ou que se solidarizam pela luta ou pela condição de outros grupos. Por meio de manifestações, esses grupos solicitam mudanças, que podem ocorrer de maneira pacífica ou, na maioria das vezes, como resultado de confrontos.

2.2 Movimentos sociais no Brasil

Os preceitos básicos que originaram a *Declaração dos direitos humanos* tomaram forma na Revolução Francesa, com os princípios de igualdade e liberdade. Esses preceitos ainda hoje marcam as constituições de vários países, inclusive a Constituição Federal do Brasil de 5 de outubro de 1988, como no Art. 5º, que diz

> Todos são iguais perante a lei, sem distinção de qualquer natureza, garantindo-se aos brasileiros e aos estrangeiros residentes no País a inviolabilidade do direito à vida, à liberdade, à igualdade, à segurança e à propriedade. (Brasil, 1988)

Historicamente, no mundo, os movimentos sociais, embora tenham características distintas, reivindicam melhores condições de vida, de trabalho e até mesmo melhores condições econômicas e sociais. No Brasil, esse processo também se fez presente. Vejamos, a seguir, alguns dos principais marcos nacionais nesse sentido.

Importante!

Alguns dos principais movimentos, revoltas e manifestações na história do Brasil

- 1562 – Um dos primeiros casos de movimento social em terras brasileiras é a Confederação dos Tamoios que foi uma rebelião das tribos indígenas contra os colonizadores portugueses.
- 1645 – A população do nordeste do país se revoltou contra o domínio holandês, o que culminou na Batalha de Guararapes. A revolta é conhecida como *Insurreição Pernambucana*.
- 1720 – Na cidade que até então era chamada de *Vila Rica* (atual Ouro Preto, em Minas Gerais), as pessoas se revoltaram contra a exploração do ouro e a cobrança exagerada de impostos.
- 1789 – Inconfidência Mineira foi uma revolta contra a execução da cobrança que havia sido instituída pela metrópole, que apreendia bens para assegurar arrecadação de ouro. O que começou como uma revolta contra a extorsão de Portugal em relação ao ouro tornou-se um dos principais e mais simbólicos movimentos brasileiros por liberdade e contra os abusos políticos da Coroa. O principal líder da Inconfidência Mineira foi Joaquim José da Silva Xavier (Tiradentes).
- 1798 – Na Bahia, as pessoas se uniram pela emancipação do Brasil em relação à Portugal, pois havia grande descontentamento com a forma como o país estava sendo conduzido.

Defenderam a implantação da república no país, maior liberdade comercial, menos desigualdade social e a abolição da escravidão. A revolta ficou conhecida como *Conjuração Baiana*.

- 1801 – No estado que hoje é o Rio Grande do Sul, antes chamado de *Rio Grande de São Pedro*, foram fundados por padres jesuítas os Sete Povos das Missões, com a finalidade de catequizar os nativos. Como o território estava em disputa entre Espanha e Portugal, os Sete Povos foram atacados violentamente. Os indígenas, comandados pelos padres, armaram-se e lutaram para não ter de sair do local.
- 1807-1835 – Os escravizados historicamente sempre se revoltaram contra a opressão e os abusos que sofriam. Uma das formas de combater essas situações era unir-se aos vários agrupamentos em que se reuniam os escravizados fugidos das fazendas (como o Quilombo de Palmares). Entre os anos 1807 e 1835, ocorreram vários levantes de escravizados na Bahia e grandes revoltas em Alagoas. O principal resultado dessas reivindicações foi a implantação, em 1850, da Lei Eusébio de Queirós, que proibia que novos escravos fossem trazidos da África. Em contrapartida, o fim da escravatura ocorreu, como sabemos, apenas em 1888 – o Brasil foi o último país do mundo a abolir a escravidão.
- 1817 – O evento conhecido como *Revolução Pernambucana* teve viés emancipacionista. Além disso, era contra os gastos da Coroa Portuguesa e tentou instaurar um governo republicano no Brasil.
- 1822 – Proclamação da Independência do Brasil: as pessoas começaram a discutir nas ruas sobre o desejo de independência do país, e crises políticas e regionais culminaram na proclamação de D. Pedro I como imperador.
- 1824 – A Confederação do Equador foi um movimento político contra a centralização do poder imperial. Inicialmente, reivindicava-se a independência de Pernambuco, mas depois o movimento foi ampliado para as províncias do Rio Grande do Norte, da Paraíba e do Ceará.

- 1824 – Foi sancionada a primeira Constituição do Brasil, que previa os direitos políticos dos cidadãos (homens e trabalhadores livres).
- 1830-1841 – No Maranhão, a revolta conhecida como *Balaiada* foi essencialmente conduzida por negros (escravizados) e por sertanejos pobres, mas, em grande medida, ela defendia interesses das elites também, pois clamava pela expulsão dos portugueses.
- 1831-1835 – Na revolta conhecida como *Chimangos*, algumas pessoas clamavam por reformas na Constituição, defendendo o escravismo e a política de privilégios (foi liderada por liberais).
- 1835 – Uma das mais simbólicas do sul do Brasil, a Guerra dos Farrapos foi uma rebelião em que os chimangos (liberais moderados) protestavam contra as elevadas taxas sobre o couro e o charque.
- 1848 – Conhecida como *Revolução Praieira*, foi a luta entre os partidos Conservador e Liberal: os praieiros (do Partido Liberal) defendiam o voto livre e democrático, maior liberdade de imprensa e trabalho digno para todos.
- 1893 – No Rio Grande do Sul, houve um movimento contra o governo de Floriano Peixoto conhecido como *Revolução Federalista*: de um lado estavam os maragatos (antiflorianistas) e, de outro, os pica-paus (pró-florianistas).
- 1896 – No Interior da Bahia, uma grave crise econômica assolava a Região Nordeste do país, e muitos sertanejos foram procurar abrigo na vila de Canudos, comandada pelo líder religioso Antônio Conselheiro. Com rumores de que os habitantes de Canudos estavam se armando contra os latifundiários da região, o exército foi encaminhado para o local. O episódio é conhecido como *Guerra de Canudos*.
- 1932 – Em 1930, o governo de Washington Luís foi deposto, mas as forças armadas impediram que o sucessor (Júlio Prestes) assumisse o poder. O Congresso foi fechado, a Constituição foi cassada e o candidato que havia sido derrotado nas urnas, Getúlio Vargas, assumiu o cargo de presidente. A ditadura foi bastante opressora e muitos

> movimentos aconteceram contra ela: um dos mais simbólicos foi a Revolução Constitucionalista, um movimento de São Paulo contra Vargas. Ainda hoje, o dia 9 de julho é a data cívica mais importante do Estado de São Paulo, que marca o dia inicial da revolução (9/7/1932).
>
> ※ 1964 – O golpe militar de 1964 instaurou no Brasil uma ditadura que durou até 1985. O então Presidente João Goulart foi derrubado do poder com apoio de classes conservadoras, classes médias e algumas lideranças sindicais.
>
> ※ 1992 – A população saiu às ruas em protestos pedindo a impugnação do mandado do Presidente Fernando Collor de Mello. Logo após as primeiras eleições diretas após o fim da ditadura militar, houve o *impeachment* do presidente.

Fonte: Elaborado com base em Gohn, 2003.

Os movimentos mencionados tinham causas de fundamentação social e abarcavam uma coletividade, além de ser impulsionados por lutas por terras, defesa contra uma imposição cultural e denúncias de desigualdades sociais ou de sistemas políticos corruptos. É possível notar, que, na maioria das vezes, o fator predominante para que esses movimentos acontecessem foi a presença da massa trabalhadora da época, o que nos leva a pensar que os questionamentos e os motivos das revoltas tinham também um viés de postura ideológica, algo central na luta de classes.

2.2.1 Ditadura militar e regime democrático

Tendo em vista que os movimentos sociais quase hegemonicamente nascem da luta de classes ou de reivindicações por liberdade, há um episódio da história do Brasil que achamos por bem destacar aqui: a ditadura militar instaurada em 1964. Esse foi um período crucial para o Brasil na luta por liberdade de expressão e de pensamento, em que os embates entre movimentos sociais e o Estado foram acirrados — nessa época, predominava o autoritarismo estatal. Houve grande envolvimento da categoria estudantil, de ações populares impulsionadas e organizadas por setores da Igreja Católica e da organização operária: todas manifestando-se contra o regime antidemocrático.

Como resposta, o governo instaurou o Ato Institucional n. 5 (AI-5) de 13 de dezembro de 1968 (Brasil, 1968), que vigorou de 1968 a 1979 e tinha como característica a repressão e a tortura.

Perguntas & respostas

O que foi a AI-5?

O Ato Institucional n. 5 (AI-5), que foi instituído em 1968 e durou até 1978, conferia poder de exceção aos governantes. Isso significa que, por meio do AI-5, era possível punir arbitrariamente os que fossem inimigos do regime militar ou casos semelhantes. Foi um período da história do país marcado por torturas, desaparecimento de pessoas, medo, total falta de liberdade de expressão e exílios.

Nesse período, houve especial participação política dos movimentos sociais, em rejeição ao regime opressor e restritivo e em prol da participação e da liberdade popular, da liberdade de imprensa e de pensamento.

A transição política para um regime democrático ocorreu apenas na década de 1980, e as mobilizações sociais não pararam, pelo contrário, ganharam força e ampliação de direitos. Por exemplo, houve aumento no número de organizações não governamentais (ONGs) entre 1996 e 2005 – o crescimento foi de 215,1% (de 107,3 mil para 338,2 mil) em todo o Brasil no período (Ipea, 2008, citado por Ojeda, 2012). Além disso, o que é chamado de *terceiro setor*, ou seja, a parceria entre sociedade civil e Estado, também cresceu, principalmente com as ONGs defendendo e representando as populações vulneráveis e mediando, junto com órgãos estatais, a defesa de direitos dos cidadãos.

Nesse período, podemos destacar dois movimentos principais:

- **Diretas Já** (1983-1984) — A população se mobilizou em prol do direito ao voto universal e do direito a eleições presidenciais com voto direto. O movimento Diretas Já foi uma das maiores manifestações populares do período militar, com destaque para o engajamento de artistas e intelectuais da época.

Figura 2.1 – Uma das manifestações do movimento Diretas Já

Pulsar imagens/Juca Martins

- **Propostas de reforma para a Constituição** — Foram mobilizações da sociedade civil visando incluir demandas sociais na Constituição atual, conhecida como *Constituição cidadã* (Sader, 1988).

Aqui, é interessante mencionarmos as mudanças nas Constituições brasileiras ao longo da história. Tivemos, até agora, um total de sete Constituições, e cada uma delas foi formulada para atender a alguma reivindicação.

Esclarecendo...

Constituição Política do Império do Brazil, de 25 de março de 1824

D. Pedro I participou ativamente da elaboração do texto constitucional, com o objetivo de estabelecer e manter seu poder de imperador. Ficou estabelecido um Poder Moderador, que concentrava a autoridade maior nas mãos do monarca. Entre as determinações da Constituição, o direito de voto foi estabelecido – baseado na renda das pessoas, o que privava a maioria da população dessa prerrogativa –, o catolicismo foi instituído como a religião oficial do Brasil, a Igreja ficou subordinada ao Estado e o Brasil permaneceu dividido em províncias. Além disso, foi definido que imperador tinha direito de não responder juridicamente sobre quaisquer de seus atos e seu poder seria transmitido de forma hereditária (Brasil, 1824).

Constituição da República dos Estados Unidos do Brasil, de 24 de fevereiro de 1891

Foi a primeira Constituição brasileira após a Proclamação da República. Nela, ficou estabelecido que o Brasil era uma república federativa com 20 estados-membros e um governo central, embora a cada estado fosse dada certa autonomia. Os privilégios da monarquia e da burguesia foram extintos, definindo-se que todas as pessoas são iguais perante a lei e ninguém seria obrigado a nada senão em virtude da lei; os cidadãos teriam liberdade intelectual, moral e religiosa e ficariam responsáveis por seus próprios atos; o direito de voto foi dado a todos os indivíduos do sexo masculino, maiores de 21 anos e que não fossem mendigos ou não estivessem servindo o exército (Brasil, 1891).

Constituição da República dos Estados Unidos do Brasil, de 16 de julho de 1934

Foi criada com o objetivo de melhorar as condições de vida da população brasileira, mas mantendo as premissas da Carta anterior – o Brasil continuaria sendo uma república, com os estados tendo certa autonomia – e, de certa forma, foi também criada de maneira forçada, em virtude da Revolução Constitucionalista de 1932, que objetivava a garantia de leis que provessem trabalho, saúde, cultura e a ampliação de direitos às pessoas. A Carta de 1934 estabeleceu que o presidente seria eleito pelo voto da Assembleia Constituinte e proporcionou vários direitos aos cidadãos, como o trabalho limitado a oito horas diárias, o *habeas corpus*, a assistência jurídica gratuita para pessoas que não tivessem condição de pagar por ela e a proibição da pena de morte, entre outros.

Constituição da República dos Estados Unidos do Brasil, de 10 de novembro de 1937

Nessa época, o nazismo alemão e o fascismo italiano, regimes totalitários, ganhavam força cada vez mais rapidamente, ao passo que, no mundo, as ideologias liberais entravam mais em colapso. Ao mesmo tempo, a Constituição de 1934 era, até então, a mais liberal e democrática do Brasil, mas isso não era interessante ao governo, que certamente preferia mais poder em um regime com menos direitos para a população e mais centralizador. Getúlio Vargas, o então presidente, dissolveu de uma vez só a Câmara dos Deputados e o Senado e instalou a nova Carta, que foi chamada posteriormente de *Constituição Polaca*, por corroborar ideias fascistas. Nela, previa-se a extinção das justiças eleitorais, o controle ou a censura dos meios de comunicação –e também a obrigatoriedade de transmissão de propagandas do governo –, a volta da pena de morte, a proibição de greves em geral, a extinção do poder legislativo e o direito do presidente de escolher, ele próprio, os governos estaduais (Brasil, 1937). Vargas governou o Brasil de maneira ditatorial até 1945.

Constituição da República dos Estados Unidos do Brasil, de 18 de setembro de 1946

Com o fim da Segunda Guerra Mundial, em 1945, e com a queda do governo ditatorial de Vargas, Eurico Gaspar Dutra foi presidente entre 1946 e 1951. Houve então a necessidade de estabelecer uma nova Constituição, já que a de 1937 estava defasada inclusive em âmbito mundial (o mundo vivia um clima de liberdade pós-guerra). A Constituição de 1946 resgatou algo da Carta de 1934, retirou as ideias centralizadoras e estabeleceu, entre outros fatores, direitos iguais para todos os cidadãos, liberdade de expressão, extinção da pena de morte, liberdade de consciência e de crenças religiosas e inviolabilidade de correspondências e das casas das pessoas (Brasil, 1946).

Constituição da República Federativa do Brasil, de 24 de janeiro de 1967

Nos anos 1960, os países da América Latina, quase de maneira geral, sofreram uma série de golpes militares. Em Cuba, no entanto, eclodiu e foi vitoriosa uma revolução comunista, o que fez com que o país cortasse relações com os EUA, que, com medo de suas perdas financeiras caso mais alguma país latino se declarasse comunista, passou a apoiar os golpes militares no continente. No Brasil, o então Presidente João Goulart foi deposto e o país viveu sob regime militar até 1985. A nova Constituição, formulada nos moldes do corte de direitos dos cidadãos, estabeleceu, entre outros fatores, que poderia haver pena de morte para crimes considerados contra a segurança nacional, censura prévia e controle dos meios de comunicação, eleições indiretas, intervenção militar e suspensão dos direitos civis e políticos de cidadãos considerados criminosos – nesse período, qualquer pessoa de quem o governo meramente desconfiasse já era considerado criminoso, e cortar os direitos civis permitia, por exemplo, praticar a tortura (Brasil, 1967).

Constituição da República Federativa do Brasil, de 5 de outubro de 1988

A Constituição atual, chamada de *Constituição Cidadã*, marca o processo de redemocratização do país. O então presidente era José Sarney e a Assembleia Constituinte era presidida pelo Deputado Ulysses Guimarães. A nova Carta estabeleceu os direitos trabalhistas que estão em vigor hoje (como férias, 13º salário, licença maternidade, direito a greves sindicais), focou em direitos humanos (como o fim das censuras, a liberdade de expressão irrestrita, a proibição da tortura, a igualdade de gêneros), estabeleceu as regras para as eleições diretas e o voto secreto, criou leis de proteção às minorias (quilombolas, população indígena), estabeleceu que o racismo é crime, entre outros princípios (Brasil, 1988).

Vale lembrar que a Constituição de 1988, em vigor no Brasil, já recebeu dezenas de emendas constitucionais. Por exemplo, em 1997, foi estabelecido que, para os principais cargos do Poder Executivo, o mandato passaria a ser de 4 anos, em vez de 5 (como estava estabelecido até então), e haveria a possibilidade de reeleição. Além disso, as reformas da Previdência Social, tão discutidas atualmente, também são incluídas na Carta por meio de emendas.

2.2.2 Movimentos sociais recentes no Brasil

A partir da década de 1990, os movimentos sociais se expandiram largamente em todo o país, de forma mais organizada. Passou a haver a criação de fóruns, conselhos e conferências que legitimam a participação dos cidadãos nessa esfera.

O crescimento da participação popular em âmbito público pôde ser percebido em 1992, com o movimento dos chamados *caras-pintadas*, que levou a população às ruas para pedir o *impeachment* do então Presidente da República Fernando Collor de Mello.

Além disso, nessa mesma década, houve a consolidação de movimentos sociais rurais, como o Movimento dos Trabalhadores Rurais Sem Terra (MTST), o Movimento dos Atingidos por Barragens (MAB), o Movimento das Mulheres Agricultoras (MMA) e o Movimento dos Pequenos Agricultores (MPA).

Houve também significativo crescimento de mobilizações étnicas, em prol de indígenas, quilombolas e populações negras, que são frequentemente apoiados por ONGs, bem como crescimento de outros movimentos: estudantil, feminista, dos trabalhadores sem teto e do campo, das organizações sindicais, dos direitos humanos, das reformas urbanas e da luta por moradia e por direitos de lésbicas, gays, bissexuais, travestis, transexuais e transgêneros (LGBT), entre outros.

A seguir, vamos conhecer melhor alguns desses movimentos.

Principais movimentos sociais no Brasil

Movimento dos Trabalhadores Rurais Sem Terra (MST) Está presente em quase todos os estados do país e já conseguiu assentar cerca 350 mil famílias que, antes, não tinham terras onde trabalhar. O objetivo do movimento é a reforma agrária, para que todos os trabalhadores rurais tenham onde morar e trabalhar e para que terras consideradas improdutivas (frequentemente perencentes a latifúndios) passem a ser produtivas (MST, 2019).

Movimento dos Pequenos Agricultores (MPA) Também é um movimento agrário, de famílias camponesas, que tem como objetivo principal o resgate das culturas do campo e a produção de alimentos saudáveis não apenas para os participantes do movimento, mas também para toda a população do país. Atualmente, o MPA está presente em 17 estados do Brasil e tem como foco um projeto popular para o país (MPA, 2019).

União Nacional dos Estudantes (UNE) Está em todos os estados brasileiros e representa mais de seis milhões de estudantes. Nas instituições de ensino, os estudantes se unem em centros e diretórios acadêmicos ou departamentos similares, formando uniões estaduais. Por fim, a união de todas essas organizações forma a UNE, que visa, entre outros fatores, garantir direitos estudantis. De acordo com a própria instituição, "Nos últimos anos, a entidade alcançou importantes conquistas para a educação brasileira, como a aprovação do

> Plano Nacional de Educação com o investimento de 10% do PIB no setor até 2024" (UNE, 2019).
>
> **Movimento dos Trabalhadores sem Teto (MTST)** Trata-se de um movimento de trabalhadores urbanos, frequentemente segregados nas periferias, para reivindicações de melhorias de vida e de recursos, unidos por uma identidade coletiva. É uma organização em prol dos trabalhadores desempregados, temporários e terceirizados. Para o movimento, "o espaço em que milhões de trabalhadores no Brasil e em outros países tem se organizado e lutado é o território" (MTST, 2019).
>
> **Associação Brasileira de Lésbicas, Gays, Bissexuais, Travestis, Transexuais e Intersexos (ABGLT)** Atualmente, conta com mais de 308 organizações afiliadas, com o objetivo de promover ações para garantir direitos à comunidade LGBT, bem como campanhas contra a discriminação, a violência ou a coerção em razão de identidade de gênero (ABGLT, 2019).
>
> **Articulação de Mulheres Brasileiras (AMB)** Coordena ações em prol das mulheres no país, promovendo ações de igualdade de direito de gênero e causas feministas e antirracistas (AMB, 2019).

Vale ressaltar que mencionarmos esses movimentos como amostras do que, contemporaneamente, existe no país, mas ainda há muitos outros, focados nos mais diversos temas.

No entanto, mesmo se apenas analisarmos esses exemplos, fica visível o foco na luta contra as mais diversas formas de desigualdade, como a miséria, a fome e a falta de acesso aos direitos básicos, que são deveres do Estado. Podemos inferir, ainda, que os direitos de cidadania, embora sejam construídos e incorporados às agendas públicas, são viabilizados pela voz da população.

> Nos últimos anos, é possível detectar o aparecimento de novos sujeitos ou titulares de direitos, cujas garantias legais se especificaram guiadas pelo critério das diferenças concretas que distinguem esses

sujeitos entre si, tais como: idosos, crianças, mulheres, pessoas com deficiência, gerações futuras. (Pereira, 2009, p. 102)

Dessa forma, tanto os direitos civis quanto os políticos e sociais — e os mais recentes: os direitos difusos — serão bandeiras de lutas de grupos socialmente legitimados caso não sejam viabilizados por políticas públicas; ou seja, se esses direitos não estiverem sendo cumpridos, serão cobrados.

Os autores Scherer-Warren (2007c) e Pereira (2009) concordam ao dizer que os movimentos refletem as relações tecidas na contemporaneidade e provocadas pelas transformações globais, envolvendo em sua adesão dimensões de solidariedade e fraternidade de uns para com os outros na defesa das questões que podem ser as mais diversas possíveis — sexualidade, meio ambiente, preservação de patrimônio cultural e histórico, entre outras —, que possam estar sendo violadas.

2.3 Organização da sociedade civil

A sociedade civil tem papel extremamente importante na visibilidade de questões que eventualmente passam despercebidas ou até escancaradamente violadas pela figura do Estado.

Aqui, vale relembrar que a sociedade civil não constitui um indivíduo isolado, mas se constitui de um grupo de pessoas ou de uma instituição em que os membros têm interesses incomuns e que não faz parte nem do Estado nem da esfera do mercado. Entre essas organizações coletivas, podemos citar clubes, associações, sindicatos, partidos, cooperativas, instituições beneficentes e grupos divididos por gênero, cultura ou religião, entres outros.

No que se refere à organização da sociedade civil de interesse público (Oscip), podemos dizer que se trata de uma denominação que é

> uma **qualificação jurídica** atribuída a diferentes tipos de entidades privadas atuando em áreas típicas do setor público com interesse social, que podem ser financiadas pelo Estado ou pela iniciativa privada sem fins lucrativos. Ou seja, as entidades típicas do terceiro setor.
>
> Está prevista no ordenamento jurídico brasileiro como forma de facilitar parcerias e convênios com todos os níveis de governo e órgãos públicos (federal, estadual e municipal) e permite que doações realizadas por empresas possam ser descontadas no imposto de renda.
>
> Por ser uma qualificação, e não uma forma de organização em si mesma, vários tipos de instituições podem solicitar a qualificação como OSCIP. De maneira geral, as organizações não-governamentais (ONGs) são as entidades que mais se encaixam no perfil para solicitar a qualificação de OSCIP. (Sebrae, 2018, grifo do original)

Scherer-Warren (2006) tipifica as Oscips da seguinte maneira:

- Associativismo local — Associações civis, movimentos comunitários e/ou de sujeitos que lutam por causas sociais ou culturais, como ONGs e terceiro setor.
- Articulações interorganizacionais — Fóruns da sociedade civil e redes que ocorrem por meio de encontros presenciais e/ou das redes sociais e dos meios tecnológicos.
- Mobilização na esfera pública — Movimentos articulados por seus atores e até mesmo por simpatizantes da causa, que se mobilizam em prol da questão defendida, saindo às ruas e dando visibilidade aos movimentos.

Para distinção entre Oscip e ONG, vale esclarecer que, segundo o Sebrae (2019, grifo do original)

> A figura da ONG não existe no ordenamento jurídico brasileiro. A sigla é usada de maneira genérica para identificar organizações do terceiro setor, ou seja, que atuam sem fins comerciais e cumprindo um papel de interesse público, tais como associações, cooperativas, fundações, institutos etc.
>
> A qualificação de OSCIP é o **reconhecimento oficial e legal mais próximo do que se entende por ONG**, especialmente porque é

marcada por exigências legais de prestação de contas referente a todo o dinheiro público recebido do Estado.

Contudo, ser uma OSCIP é uma opção institucional, não uma obrigação.

Dessa forma, já que a OSCIP é uma qualificação para entidades do terceiro setor, pode-se dizer que toda OSCIP é uma ONG, mas nem toda ONG é uma Oscip. (Sebrae, 2018, grifo do original)

Dessa forma tanto as Oscips quanto as ONGs são atividades do terceiro setor e como qualquer organização pertencente a esse setor, não visam ao lucro. A diferença é que uma ONG não corresponde a uma natureza jurídica, ou seja, é uma entidade que trabalha em prol do interesse público de forma não vinculada ao governo. Por sua vez, uma Oscip (que pode ser uma fundação, uma associação ou até mesmo uma ONG) precisa ter reconhecimentos governamentais e liberação do Ministério da Justiça.

Esclarecida a diferença, vale mencionar que, principalmente nas décadas de 1970 e de 1980, as ONGs, como representantes da sociedade civil, foram peças fundamentais no apoio aos movimentos sociais e populares contra o regime militar e à luta pela democratização do país. Naquela época, "Um grande número de projetos sociais passa a ser patrocinado por empresas e bancos, dentro de programas de responsabilidade social, no âmbito da cidadania corporativa" (Gohn, 2004, p. 146).

Sobretudo nos anos 1970, o objetivo das Oscips estava direcionado à intervenção pelos direitos das minorias e das pessoas social ou economicamente vulneráveis. Já nos anos 1990, como reflexo do neoliberalismo, o Brasil passou por uma onda de desemprego e de privatizações de setores da Administração Pública (com a finalidade de diminuir gastos do Estado). Nesse âmbito, de acordo com o Gohn (2004, p. 145), foram as ONGs inscritas como terceiro setor que passaram a atuar, por exemplo, na "execução de políticas de parceria entre o poder público e a sociedade, atuando em áreas onde a prestação de serviços sociais é carente ou até mesmo ausente, como na educação e saúde, para clientelas como meninos e meninas que vivem nas ruas".

A Figura 2.2 apresenta um resumo das relações entre Estado e terceiro setor.

Figura 2.2 – Relações entre Estado e terceiro setor

Cooperação entre

1º setor
Governo federal, estadual e municipal.

2º setor
Esfera privada: empresas de sociedade limitada (Ltda.), de sociedade anônima (S.A.) e de capital aberto ou fechado e cooperativas.

3º setor
Entidades ambientais e filantrópicas, associações de classe e clubes de serviços.

Empresas de economia mista, Sistema "S" (Senai, Senac) e autarquias.

Fundações públicas e Conselhos Regionais.

Fundações e institutos (Por exemplo, Fundação O Boticário, Instituto Itaú).

As ONGs, que eram, de certa maneira, independentes do Estado, aderiram à ideia da democracia representativa e se colocaram como espaços de negociação e de apaziguamento de conflitos, o que resultou em uma nova forma de atuação da população nas questões de interesse social. Além disso, vale mencionar que o povo tem espaços participativos legalmente instituídos, como conselhos e fóruns, e, uma vez que as ONGs passaram a fazer parte desse meio, a população viu suas possibilidades de envolvimento nas decisões políticas ampliadas. Podemos citar como exemplo a experiência da década de 1980, em Porto Alegre, em que a população tomou parte ativamente na elaboração dos orçamentos públicos.

2.4 A atuação do serviço social nas organizações sociais

Como vimos até aqui, no decorrer da história — e sobretudo com as questões neoliberais dos anos 1980 —, o Brasil passou por momentos de estagnação, recessão econômica e, depois, em recuperação, já nos anos 1990, com os processos de reestruturação produtiva, mundialização e financeirização do capital. Houve não apenas a reforma do Estado, mas também conquista de espaços de participação popular nas questões sociais e políticas.

Como não poderia ser diferente, o papel do serviço social nesse processo também passou por redefinições, principalmente no que se refere à atuação, nos momentos históricos de crise trabalhista, em políticas de construção e de reconstrução dos direitos humanos. Foi preciso, dos profissionais da área, a superação do caráter assistencialista de atuação profissional e a participação ativa e até intersetorial, uma vez que também passou a haver ampliação de novas organizações e entidades assistenciais.

Ao mesmo tempo que o nicho de trabalho do assistente social foi ampliado com as novas demandas de articulação e mobilização política, a atuação desse profissional sofreu grandes transformações grandes. A competência de organizar os grupos sociais cedeu lugar à atividade de negociar com esses grupos porque, com o estabelecimento do neoliberalismo, os espaços institucionais passaram a buscar, no assistente social, característica de intervenção.

Perguntas & respostas

A concretização da profissão de assistente social está diretamente ligada aos movimentos sociais?

Sim. Podemos dizer que as organizações sociais derivam diretamente dos movimentos sociais e nos anos 1970 e 1980, os assistentes sociais participavam dos movimentos com intuito de organizá-los. A partir disso, "O número de sindicatos e associações profissionais teve um notável crescimento. Formaram-se as centrais sindicais. No campo, o MST surgiu com inesperada força" (Frederico, 2009, p. 261).

O serviço social sempre se posicionou a favor de melhores condições de serviço e, uma vez que o processo de trabalho é subjugado ao processo de produção e que este, por sua vez, está ligado à mediação estatal, as negociações são necessárias porque a "balança" tende a pender para a manutenção das condições vigentes e contra os interesses públicos e sociais. Para contrabalancear isso é que entra o assistente social.

Então, no que se refere especificamente às Oscips, vale dizer que elas constituem novos espaços de trabalho dos assistentes sociais, uma vez que são permeadas por tensões.

Iamamoto e Carvalho (2002) assinalam que o objeto de intervenção do serviço social, que é a questão social e suas expressões, frequentemente é alvo de tensão entre diferentes projetos societários em disputa:

- o projeto respaldado pelos preceitos da democracia e da participação, previstos na Constituição de 1988, que instituiu o controle social;
- o projeto fundamentado no neoliberalismo, que busca fazer prevalecer a lógica econômica da rentabilidade sobre os direitos sociais;
- o projeto ligado ao terceiro setor, também sob fundamento neoliberal, que transfere aquilo que é de responsabilidade do

Estado para as ONGs e para o mercado, conhecido também como *welfare mix*.

De acordo com Alencar (2009, p. 8), "O 'terceiro setor' é considerado um setor 'não governamental', 'não lucrativo' e 'esfera pública não estatal' materializado pelo conjunto de 'organizações da sociedade civil consideradas de interesse público'". Dessa forma, em meio à diversidade de expressões da "questão social", as instituições sociais não suprem completamente as demandas públicas, uma vez que atendem a segmentos em específico e em pequenos espaços, fazendo normalmente intervenções paliativas e pontuais – entre as quais está a atuação do serviço social que, por sua vez, fica submetida a padrões de implementação e de avaliação semelhantes aos aplicados em empresas, uma vez que as instituições são frequentemente financiadas pelo segmento privado e até mesmo por organizações internacionais. Montaño (2002) afirma que, como as organizações têm projetos financiados e parcerias firmadas para seu desenvolvimento, a continuidade das ações fica limitada, bem como tornam-se quase restritas a vinculação de profissionais e as boas remunerações. Consequentemente, nessas organizações, passa a haver baixa cobertura de serviços, ações reduzidas a curto prazo e alta rotatividade de profissionais. Para além disso, é comum que as ações propostas não vislumbrem a resolução das expressões da "questão social", pois são praticamente nulas as possibilidades de transformação mediante projetos de curta duração e em pequenos territórios.

No entanto – e apesar disso –, é inegável que as organizações sociais mudaram o significado e a abrangência dos movimentos sociais. Hoje, por exemplo, podemos observar a atuação de ONGs voltadas especialmente a crianças e adolescentes que já abrangem o trabalho do assistente social. Além disso, nessas instituições, é preciso que esse profissional desenvolva várias habilidades de atuação, sendo necessário trabalhar com conselhos de direitos, consultorias, gestão de projetos sociais e programas de responsabilidade social, bem como na organização, na documentação e na capacitação de conselheiros.

Por fim, vale mencionar que o próprio preceito legal do marco regulatório das organizações da sociedade civil e até mesmo a Resolução n. 16, de 5 de maio de 2010 (Brasil 2010b), do Conselho Nacional de Assistência Social, são documentos que pressionam as instituições a planejar e a desenvolver suas ações minimamente a luz da legalidade, exigindo de seus profissionais (inclusive assistentes sociais) que viabilizem essa dimensão por meio da organização de documentações como planos de trabalho, inscrição e registros em conselhos (Brasil, 2010b; 2014).

Síntese

Neste capítulo, observamos que é por meio de um movimento social que determinados agentes da sociedade reivindicam e resistem à exclusão social. Em sentido restrito, *movimento social* é uma estratégia comum a um grupo e é frequentemente voltado à mudança social. Tem como características básicas uma demanda, um projeto sócio-político, uma liderança, uma base e um antagonista.

Tendo isso em mente, discorremos brevemente sobre alguns dos movimentos sociais mais importantes ocorridos no mundo e, sobretudo, no Brasil, ao longo da história.

Sobre a situação atual dos movimentos sociais, descrevemos os mais importantes existentes no país, como Movimento dos Trabalhadores Rurais Sem Terra (MST), Movimento dos Pequenos Agricultores (MPA), União Nacional dos Estudantes (UNE), Movimento dos Trabalhadores Sem Teto (MTST), Associação Brasileira de Lésbicas, Gays, Bissexuais, Travestis, Transexuais e Intersexos (ABGLT) e Articulação de Mulheres Brasileiras (AMB).

Também definimos algumas das diferenças entre as organizações da sociedade civil de interesse público (Oscips) e as organizações não governamentais (ONGs): as primeiras constituem novos locais de trabalho dos assistentes sociais, uma vez que são permeadas por tensões, e as segundas se configuram como espaços de negociação e de apaziguamento de conflitos, o que resulta em uma nova forma de participação da população nas questões de interesse social. Nesse sentido, vale lembrar que toda ONG é uma Oscip, mas a nem toda Oscip é uma ONG.

Com esses dois tipos de instituições, a competência do assistente social de organizar os movimentos sociais cedeu lugar à atividade de negociar com eles porque, com o estabelecimento do neoliberalismo, os espaços institucionais passaram a buscar, nesse profissional, a característica de intervenção.

Por fim, vimos que, em meio à diversidade de expressões da "questão social", as organizações sociais não suprem completamente as demandas sociais, uma vez que atendem a segmentos em específico e em espaços pequenos.

Para saber mais

Legislação

BRASIL. Constituição (1988). **Diário Oficial da União**, Brasília, DF, 5 out. 1988. Disponível em: <http://www.planalto.gov.br/ccivil_03/Constituicao/Constituicao.htm>. Acesso em: 28 jan. 2019.

Você conhece a Lei Maior que rege nosso país atualmente? Estudamos um pouco sobre ela neste capítulo, mas é sempre interessante conhecer os direitos estabelecidos para o povo.

Filmes

GERMINAL. Direção: Claude Berri. França; Bélgica; Itália: Lume Filmes, 1993. 160 min.

Baseado no romance homônimo de Émile Zola, ambientado na França do século XIX, o filme retrata o modelo capitalista de produção, a expansão do pensamento que põe o bem material acima das necessidades humanas e os princípios de organização sindical da classe operária.

TANCREDO: a travessia. Direção: Silvio Tendler. Brasil: Downtown Filmes, 2011. 90 min.

Nesse filme, o diretor Silvio Tendler faz uma abordagem sobre a trajetória política de Tancredo Neves até a sua morte, em 1985, que representou, naquele momento, a morte do sonho democrático que o Brasil vivia. No roteiro, há uma representação dos jogos de poder e dos interesses políticos envolvidos na vida de Tancredo, a necessidade de controle de liberdade tanto da imprensa quanto da população e o real significado do movimento Diretas já.

Questões para revisão

1. Sobre os movimentos sociais, analise as afirmativas a seguir e marque V para as verdadeiras e F para as falsas.

   ( ) Os movimentos sociais são a expressão das organizações da sociedade civil, que promovem ações para reclamar seus direitos e suas demandas.

   ( ) As características essenciais dos movimentos sociais são: um conflito social, uma demanda, um projeto sócio-político, uma liderança, uma base e um antagonista.

   ( ) Os movimentos sociais dependem de contextos históricos e sociais e das pessoas que estão vivendo na época em questão, pois é a união delas que formará o grupo manifestante.

   ( ) Os movimentos sociais podem ser atividades de grupo ou isoladas, de um indivíduo, desde que tenha as características básicas de conflito social, demanda, um projeto sócio-político e antagonista.

   ( ) É por meio de um movimento social que determinados agentes da sociedade reivindicam seus direitos e resistem à exclusão social.

   ( ) O movimento social se destaca pela organização de um grupo de pessoas com uma finalidade de luta incomum e que estão descontentes e não satisfeitas com a condição atual, ou se solidarizam pela luta e/ou condição de outros grupos.

Agora, marque a alternativa que corresponde à sequência correta:
a) V, V, F, F, V, V.
b) V, V, V, F, V, V.
c) V, F, V, V, V, V.
d) V, V, V, F, V, F.

2. O que podemos caracterizar como os motivos que levam as pessoas a criar movimentos sociais?

   a) Diferentes posicionamentos ideológicos e políticos de um momento histórico, social e econômico, que podem afetar diretamente a vida das pessoas. Há a formação de um grupo de pessoas com uma finalidade, uma luta em comum, unidas contra qualquer tipo de exclusão, que pode ser racismo e preconceito ou questões trabalhistas, políticas etc.
   b) Diferentes posicionamentos ideológicos e de um grupo de pessoas em determinado momento histórico. Obrigatoriamente, nesse caso, é preciso que a sociedade se divida e faça passeatas, cada grupo em prol daquilo em que acredita.
   c) Diferentes posicionamentos ideológicos de um momento histórico, social e econômico, que podem afetar diretamente a vida das pessoas. Vale ressaltar que posicionamentos políticos e questões relacionadas a essa esfera não refletem movimentos sociais, mas sim lutas políticas.
   d) Questões econômicas, basicamente, de pessoas excluídas socialmente. Por isso, não podemos dizer que as elites podem se envolver em mobilizações sociais, sob pena de anular a questão econômica de quem forma os movimentos.

3. Sobre a atuação do assistente social nas organizações da sociedade civil, analise as afirmativas a seguir.

   I) Em meio aos processos de construção e de reconstrução da democracia no Brasil e ao crescimento das atividades do terceiro setor, foi preciso que os assistentes sociais abandonassem o caráter assistencialista da profissão e se engajassem em novas funções, no sentido de dar mais ênfase à mediação de conflitos.

II) Como as organizações têm projetos financiados e parcerias firmadas para seu desenvolvimento, a continuidade das ações envolvidas na "questão social" é assegurada porque nem sempre a empresa visa apenas ao lucro. Dessa forma, o trabalho do assistente social nesse âmbito é basicamente tranquilo, porque as ações propostas sempre vislumbram a resolução das expressões da "questão social".

III) Ao trabalhar nas organizações da sociedade civil, o assistente social deve desenvolver várias habilidades de atuação, como mediar entre conselhos sobre direitos, fazer consultorias, gerir projetos sociais e criar e gerenciar programas de responsabilidade social.

IV) Não é necessário ao assistente social, ao ingressar em instituições do terceiro setor, saber lidar com organização e análise de documentações e capacitação de conselheiros, uma vez que essas são funções do Departamento de Recursos Humanos (RH) e de uma equipe especializada em treinamento.

V) As organizações da sociedade civil constituem novos espaços de trabalho para os assistentes sociais, uma vez que são permeadas por tensões.

Agora, assinale a alternativa correta:
a) São verdadeiras apenas as afirmativas I, III e V.
b) São verdadeiras apenas as afirmativas I e III.
c) São verdadeiras apenas as afirmativas I e II.
d) São verdadeiras apenas as afirmativas I e V.

4. Como podemos diferenciar as organizações da sociedade civil de interesse público (Oscips) e as organizações não governamentais (ONGs)?

5. Neste capítulo, estudamos alguns dos principais movimentos, como revoltas e revoluções, do Brasil. Tomando por base essa perspectiva histórica, quais foram os temas que mais levaram as pessoas a reivindicar seus direitos?

Questões para reflexão

1. Explique de que modo a consciência social e de classe pode estar vinculada aos movimentos sociais.

2. Como você analisa, na perspectiva estudada neste capítulo, as sete Constituições que tivemos, em meio a progressos e retrocessos em relação ao contexto em que foram escritas? Você considera possível que a nossa Carta Magna atual seja mais uma vez alterada e que os direitos dos cidadãos sejam novamente retirados? Justifique.

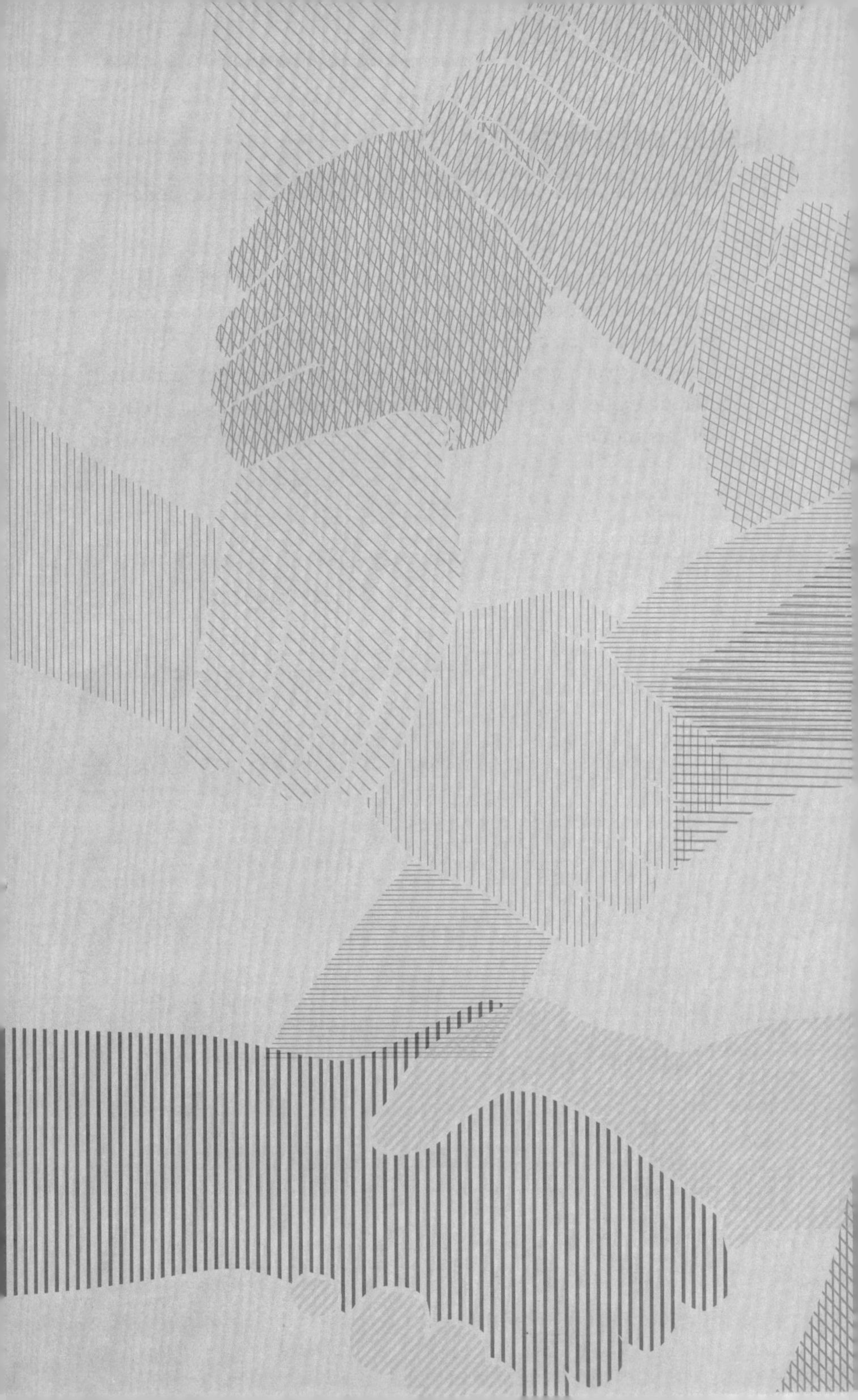

CAPÍTULO 3

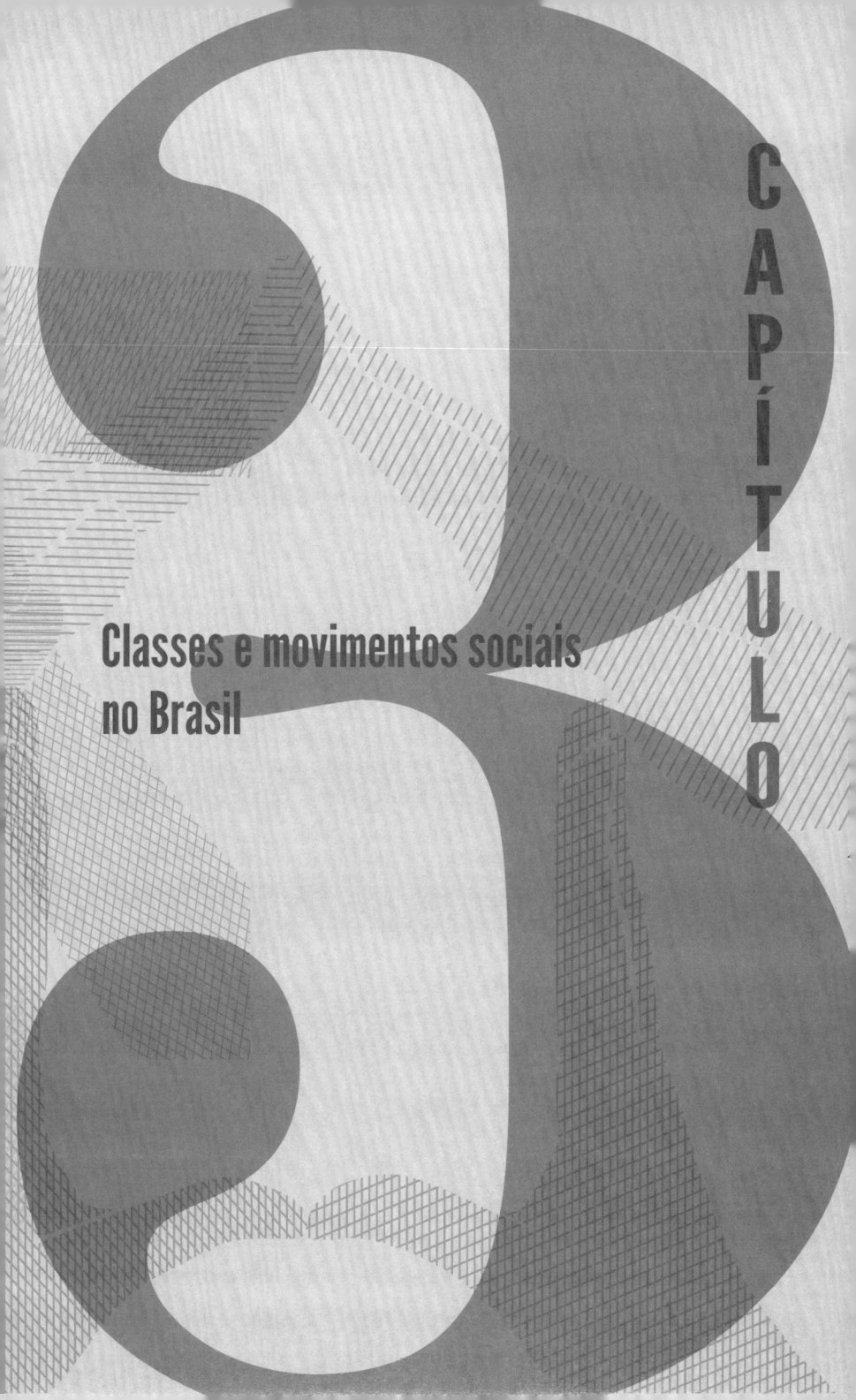

Classes e movimentos sociais no Brasil

Conteúdos do capítulo:

- Histórico das lutas da classe trabalhadora durante a ditadura militar e neoliberalista e contemporâneo.
- Construção de sujeitos coletivos depois dos anos de 1990.
- Manipulação midiática e papel da internet para os novos movimentos sociais.
- Internet como mecanismo de libertação.
- Alguns dos movimentos sociais do século XXI, no Brasil, já vinculados à internet.

Após o estudo deste capítulo, você será capaz de:

1. identificar de que forma a classe trabalhadora é e foi protagonista de muitos dos movimentos sociais no Brasil;
2. compreender o que significou a ditadura militar e os governos neoliberalistas em termos de impactos sociais e econômicos no Brasil;
3. analisar de que forma ocorreu, dos anos 1990 em diante, a construção de sujeitos coletivos;
4. reconhecer a mídia como parcial e manipuladora e, nesse contexto, de que forma a internet surgiu como mecanismo de libertação;
5. interpretar o perfil dos movimentos sociais brasileiros pós-internet.

Neste capítulo, abordaremos a relação entre a classe trabalhadora e os movimentos sociais no Brasil. No capítulo anterior, vimos que os movimentos sociais inseriram bandeiras de luta e direitos de cidadania na agenda pública do Estado, legitimando suas demandas como sujeitos coletivos, para que elas fossem atendidas pelos serviços públicos.

Uma vez que já temos uma perspectiva dos movimentos sociais, agora os analisaremos de forma relacionada à classe trabalhadora e, mais especificamente, veremos as expressões de organização dos movimentos sociais nas redes sociais.

3.1 Classe trabalhadora e movimentos sociais

Não temos como dissociar os movimentos sociais das classes sociais, mas, mesmo assim, não devemos pensar que eles são dependentes um do outro ou que aqueles são resultantes destas. Eles têm uma relação, mas também existem sozinhos.

Cabe, aqui, fazer uma breve retomada desses dois conceitos.

- *Classe social*, como vimos no Capítulo 1, é um conceito que nasceu com o modo de produção capitalista, uma vez que seu resultado são as relações sociais desiguais e a divisão da sociedade em classe trabalhadora e burguesia.
- *Classe trabalhadora* é a que vivencia a condição de exploração da sua força de trabalho pela classe burguesa, detentora dos meios de produção, e/ou por pessoas e grupos que entendem subordinação e a desigualdade entre essas classes.
- *Movimentos sociais* são as organizações em que as pessoas têm interesses e causas em comum e uma identidade que as liga coletivamente.

Os movimentos sociais são considerados por Gohn (1995, p. 44) como "ações coletivas de caráter sociopolítico, construídas por atores sociais pertencentes a diferentes classes e camadas sociais. Eles politizam suas demandas e criam um campo político de força social na sociedade civil".

Então, no que diz respeito aos movimentos sociais, podemos afirmar que, independentemente da classe econômica e social, da cultura ou da religião das pessoas, há uma justificativa, uma aspiração e um desejo que as mobiliza em torno de um objetivo comum. De acordo com Pinheiro (2007, p. 131 grifo do original),

> não se deve ignorar que há movimentos cuja demanda se localiza na estrutura sociocultural e, por isso, não está ligada às relações sociais de produção. Convém, entretanto, não se apressar em se fixar nessa constatação para dela extrair conclusões que neguem a importância teórica e política das classes, pois muitos problemas que dão origem a tais movimentos têm raízes em relações sociais de produção pré-capitalistas (patriarcalismo e escravismo, por exemplo), o que torna as interpelações ideológicas sobre eles **completamente** autônomas quanto às relações sociais de produção capitalistas; quando consideradas abstratamente, já que no nível concreto o capital sempre as articula política, ideológica e economicamente.
>
> Além disso, mesmo quando os movimentos têm demandas (direito à livre orientação sexual, por exemplo) que não estão ligadas a quaisquer relações sociais de produção, eles se articulam às lutas de classes pela via político-ideológica, que se desdobra em comportamento eleitoral e/ou base de sustentação partidária e parlamentar, na medida em que fazem opções políticas no contexto em que atuam, desenvolvendo identidades autocentradas ou de solidariedade com outros grupos sociais, oprimidos ou não; pois a luta de classes é o campo no qual todos os agentes políticos atuam e, por conseguinte, têm de estabelecer alinhamentos com vistas à consecução dos seus fins e/ou fortalecimento da sua posição

No entanto, embora não possamos dizer que os movimentos sociais estão diretamente vinculados à classe trabalhadora, é certo que ela foi protagonista de muitos deles no Brasil e no mundo, uma vez que são os sindicatos e as cooperativas de trabalhadores, em grande parte, mesmo contemporaneamente, que impulsionam os movimentos sociais.

Em termos históricos, como vimos no Capítulo 2, o Brasil concedeu e tirou direitos de sua população à medida que novos governos eram implantados. Durante o período da ditadura militar, os movimentos sociais foram tratados com "Repressão, justificada pela necessidade de se manter a estabilidade política e a segurança do país, frente aos considerados suspeitos de oposição ao regime, comunistas e simpatizantes" (Gonçalves; Ferreira, 2013, p. 33).

Houve, no período, uma desmobilização da sociedade civil e uma série de perseguições, seguidas de exílio ou morte de diversas pessoas que tinham participação política em movimentos sociais, que então passaram a se reunir e a atuar escondidas. Ao mesmo tempo, a classe trabalhadora passava por duros golpes: muitos funcionários públicos perderam cargos, sindicatos foram violentamente repreendidos, direitos de greve foram anulados, empresas puderam parcelar o 13º salário dos empregados e reduzir salários se o funcionário "concordasse".

Os empregos também começaram, nessa época, a ser usados como forma de repressão e controle da população, uma vez que as pessoas eram ameaçadas de perder seus cargos – várias efetivamente ficaram desempregadas – se surgisse qualquer desconfiança em relação a elas.

Depois da ditadura, já nos anos 1980, o processo de implantação e de estabelecimento do neoliberalismo na América Latina representou mais uma derrota das classes trabalhadoras no Brasil, principalmente por conta da redução máxima de investimentos públicos e da grande onda de privatizações.

Perguntas & respostas

Quando o neoliberalismo foi de fato implantado no Brasil?
Podemos dizer que as ideias neoliberais começaram a veicular no governo de Fernando Collor de Mello (o primeiro presidente eleito depois do movimento Diretas Já em 1989), mas se consolidou no mandato de Fernando Henrique Cardoso (FHC), a partir de 1995.

Depois da ditadura militar, o país passava por uma grande recessão econômica ao mesmo tempo que, com as eleições diretas, havia um período de euforia política. Fernando Collor de Mello implantou o Plano Collor, cujas principais medidas foram:

- Poupança retida para quem tivesse depósitos acima de 50.000 cruzeiros novos [...];
- os preços deveriam voltar aos valores de 12 de março [de 1990];
- mudança da moeda: de cruzados novos para cruzeiros, sem alterações de zeros;
- início do processo de privatização de estatais;
- reforma administrativa com o fechamento de ministérios, autarquias e empresas públicas;
- demissão de funcionários públicos;
- abertura do mercado brasileiro ao exterior com a extinção de subsídios do governo;
- flutuação cambial sob controle do governo. (Bezerra, 2019b)

Uma das medidas mais impopulares do governo Collor foi a retenção da poupança das pessoas — com a justificativa de que o dinheiro seria usado para financiar projetos do governo — porque, ainda que houvesse a promessa de devolução do dinheiro em até 18 meses, o então presidente nunca tinha mencionado que essas eram as pretensões dele. Collor foi eleito prometendo melhorar a economia do país e acabar com a corrupção, mas nunca explicou como pretendia fazer isso, e a população sentiu seus direitos violados. Esse foi o primeiro baque após a ditadura militar.

O Plano Collor foi um fracasso e o país entrou em uma recessão maior do que estava antes de o presidente assumir: os preços subiram, os salários diminuíram, várias empresas faliram e o número de desempregados bateu recordes. Com isso, já em 1991, a população saiu às ruas para pedir o *impeachment* do presidente.

Em seu lugar, assumiu o vice Itamar Franco, que indicou FHC para Ministro da Fazenda — foi ele quem delineou o Plano Real e instaurou a nova moeda no país. Como consequência, houve estabilização da economia e a inflação foi freada. Com isso, a popularidade de FHC cresceu a ponto de, em 1994, ele ter sido eleito presidente.

A política exercida por FHC retirou o protagonismo do governo em questões como educação, saúde e cultura – com consequências que podemos sentir ainda hoje. Entre as medidas implantadas por ele, temos:

- Privatização da telefonia estatal como a Telebras, Telerj, Telesp, Telemig, etc. e da empresa nacional Embratel;
- Venda dos bancos estaduais como Banerj, Banestado, Banesp, etc.
- Privatização de empresas como Embraer, Vale do Rio Doce e Companhia Siderúrgica Nacional, entre outras;
- Redução de 20% dos funcionários públicos em nível federal e estadual por meio da aposentadoria antecipada ou demissão;
- Terceirização de trabalhadores e vários serviços do estado;
- Abertura do mercado nacional para empresas estrangeiras.

[...] setores que eram protegidos pelo poder público, como a educação, viram os investimentos diminuir e aumentar a participação do capital privado.

Igualmente, o aumento de concessões para empresas estrangeiras operarem no Brasil. A concessão não é uma privatização. Trata-se apenas de ceder ao investidor a exploração de um serviço mediante certas condições. Atualmente, várias rodovias brasileiras funcionam desta maneira. (Bezerra, 2019a)

Ou seja, com o processo de reestruturação produtiva durante as décadas de 1980 e de 1990, houve um desmonte das políticas públicas, privilegiando privatizações. Consequentemente, isso fez com que os poucos direitos sociais conquistados pela classe trabalhadora fossem diretamente atacados (Antunes, 1996).
Segundo Gonçalves e Ferreira (2013, p. 36),

Estas transformações trazem como consequência o aprofundamento da desigualdade social, fruto do desemprego e da precarização do trabalho nas mais diversas formas de contratação, tais como: os subcontratados, os temporários, o trabalho feminino de dupla jornada. Isso dificulta cada vez mais a organização da classe trabalhadora, onde [sic] o Estado possui papel fundamental na garantia desse modo de dominação.

Isso trouxe para a classe trabalhadora um forte sentimento de descrédito na possibilidade de transformação da sociedade e enfraqueceu os movimentos sociais. Além disso, no governo FHC (que durou até 2002), houve muita repressão dessas mobilizações.

Em 2002, no governo do Presidente Luiz Inácio Lula da Silva, considerado representante da classe trabalhadora, havia certa expectativa de que a realidade dessa camada da sociedade se alterasse positivamente e, de fato, houve o aprimoramento de programas sociais voltados aos menos favorecidos. Porém, muitos direitos sociais e trabalhistas não foram ampliados nem alargados (Gonçalves; Ferreira, 2013).

Atualmente, após os governos de Lula e de Dilma Rousseff — e com a direita ganhando poder no governo —, vemos uma nova retração dos direitos dos trabalhadores. Um exemplo disso é a reforma trabalhista de 2017, do governo de Michel Temer, que, entre outras mudanças, estabelece a jornada de trabalho de até 12 horas diárias, as negociações e os acordos coletivos de sindicatos podem prevalecer à lei e a possibilidade de terceirização das atividades-fim da empresa.

Perguntas & respostas

Mesmo com todo esse histórico, não podemos afirmar que os movimentos sociais vêm das classes trabalhadoras?

Exatamente. O primeiro fator que explica essa questão é que nem toda a classe trabalhadora (ou a classe burguesa) se organiza em movimentos sociais. Além disso, em uma luta por determinada demanda, pode haver indivíduos que pertençam identitariamente a uma ou outra classe. Assim, os movimentos sociais não decorrem, necessariamente, das classes sociais, mas de um interesse comum. Apesar disso, é claro que, por tornar públicas as condições e as questões de determinadas pautas que englobam toda a sociedade, a classe trabalhadora sofre mais impacto e fica em maior evidência, de forma que é comum vermos os movimentos sociais somarem assuntos correlatos e pertencentes a essa classe.

No que se refere especificamente aos movimentos sociais nesses contextos, ocorre que "Os protagonistas dessas lutas não são as classes sociais, [...] são grupos sociais, ora maiores, ora menores que classes, com contornos mais ou menos definidos em vista de interesses coletivos por vezes muito localizados, mas potencialmente universalizáveis" (Santos, 2003, p. 261).

Ou seja, muitas lutas extrapolam a dimensão de mediações de classes e englobam questões maiores, de necessidade de transformações concretas imediatas. No entanto, para isso, os grupos sociais que defendem e buscam as respostas para as realidades que precisam ser modificadas, às vezes, pela necessidade de maior rapidez ou por questões de ideologia, acabam por excluir outros grupos da luta, e isso faz parecer que o interesse é de apenas uma classe quando, na verdade, a demanda englobaria várias outras.

3.2 Construção de sujeitos coletivos nos novos movimentos sociais

Analisamos, no Capítulo 2, a história dos movimentos sociais e observamos que, no Brasil, podemos dividi-la em basicamente duas fases:

1. Anos 1970 e 1980 — Tinham papel reivindicador, mas eram muito tolhidos e ameaçados pela grande repressão exercida pela ditadura militar. Não havia ainda uma condição de se expressar a importância dos sujeitos e da participação cidadã, embora isso já estivesse em construção.
2. Anos 1990 em diante — Passam a se orientar pela noção do povo como sujeito. Foram os anos em que houve o nascimento dos novos movimentos sociais, que têm novas expressões de conflitos socioculturais não homogêneos e contemplam bases que podem ser de cunho popular (sem-terra, bairros, sindicatos) ou pertinentes à classe média (ecologia, feminismo) e não precisam abranger questões da sociedade civil como um todo (Goss; Prudencio, 2004).

De acordo com Gohn (2000b, p. 122), nesses novos movimentos sociais "o novo sujeito que surge é um coletivo difuso, não hierarquizado, em luta contra as discriminações de acesso aos bens da modernidade e, ao mesmo tempo, crítico de seus efeitos nocivos, a partir da fundamentação de suas ações em valores tradicionais, solidários, comunitários".

Vale destacar, ainda, que os novos movimentos sociais podem ser ambíguos porque, de um lado, eles pressionam, reivindicam e propõem ao Estado ações da sociedade civil, tornando-se, assim, transformadores da comunidade, com capacidade de fortalecimento da sociedade; de outro, ainda que no campo da possibilidade, podem fortalecer a relação entre Estado e sociedade civil, por meio dos partidos políticos (Scherer-Warren, 1993)

Além disso, nos anos 1970 e 1980, os movimentos exigiam direitos que ainda viriam a ser expressos na constituição de 1988, como o de igualdade.

> Art. 5º Todos são iguais perante a lei, sem distinção de qualquer natureza, garantindo-se aos brasileiros e aos estrangeiros residentes no País a inviolabilidade do direito à vida, à liberdade, à igualdade, à segurança e à propriedade [...]. (Brasil, 1988)

Já nos anos 1990, os movimentos ou as instituições não governamentais passaram a atuar em áreas específicas e em segmentos aos quais o Estado não ofertava cobertura integral, sobretudo em questões ligadas ao meio ambiente e às minorias, como direitos das pessoas idosas, da mulher, dos indígenas, dos afrodescendentes, das crianças e dos adolescentes e das pessoas com deficiência. Essas lutas, depois de se tornarem públicas, adentraram a agenda do Estado e foram legitimadas por legislações específicas e também pela atuação de movimentos sociais e instituições na execução de serviços públicos pertinentes a essas populações (Gohn, 2000b). Tudo isso resultou em leis orgânicas por segmento, tais como: Lei Orgânica de Saúde, Lei Orgânica de Assistência Social, Estatuto da Criança e do Adolescente, Estatuto da Pessoa com Deficiência e Estatuto da Pessoa Idosa.

Num primeiro momento, os novos movimentos sociais tiveram pautas que exigiam transformações de bases estruturais, e isso estimulou um contingente grande de pessoas e os fez ganhar *status*. Depois disso, com pautas mais direcionadas, as mobilizações foram fragmentadas e passaram por enfraquecimento, embora permaneçam fazendo a diferença e influenciando o Estado na colocação de temas contraditórios na pauta das políticas públicas e fazendo parte dos espaços participativos instituídos pela Constituição, como fóruns, conselhos e conferências.

Para Zanetti e Luvizotto (2014, p. 103),

> os movimentos sociais mudam de acordo com a mudança da sociedade. No caso dos movimentos de cunho identitário, cada grupo luta por interesses de liberdade pessoal, de autoafirmação e em questões pragmáticas, justificadas por uma sociedade cada vez mais individualista. A demanda não é mais uma luta contra o sistema, mas sim de assegurar interesses dentro deste sistema.

Porém, vale chamar a atenção para a baixa participação dos indivíduos nesses espaços considerados de cidadania, deixando claro que *participar* significa intervir num processo decisório qualquer (Sanchez Móron, 1980; Duarte, 1996), e *participação popular na Administração Pública* significa especificamente a interferência dos sujeitos na administração do Estado, em prol dos interesses das pessoas (de forma coletiva), e essa intervenção pode ser feita por grupos (se forem legitimados para agir em nome de um coletivo) ou cidadãos.

Ou seja, *participar*, no sentido que colocamos aqui, ultrapassa o caráter da ação popular ou sistemática que é dada pelo parâmetro e pelo ordenamento jurídico; significa estar presente e agir de maneira integral na sociedade, em prol da democracia.

Perguntas & respostas

Por que as pessoas não participam das ações cidadãs?
Existem vários motivos para isso. Pode ser apatia, falta de estímulo, falta de interesse ou impossibilidade — que pode ser causada por diversos fatores.

Vale destacar, no entanto, que para que os mecanismos de reivindicação e de atuação na máquina do Estado em prol da população funcionem (e continuem funcionando), é preciso desenvolver na população o hábito de participar, de questionar a realidade vivenciada e suas condições, e não simplesmente aceitá-la. É preciso que as pessoas se adaptem e estejam presentes nessa questão. Mais tarde, com o processo de reforma do Estado, já no final dos anos de 1990 e no início dos anos 2000, assistimos ao desencadeamento de fóruns nacionais nas áreas do direito por moradia, participação popular e identidade, ampliando assim os encontros nacionais.

Segundo Gohn (2000a, p. 20),

> outros movimentos sociais ganham as manchetes da mídia, como o dos índios. Eles se reorganizaram em função da luta pela demarcação de suas terras, realizaram marchas e caminhadas e aproveitaram a conjuntura política em torno da polêmica questão dos "500 anos de descobrimento do Brasil" para protestar e exigir seus direitos. Foram reprimidos pelas forças policiais e ganharam a simpatia e o apoio de governos e organismos internacionais, que se manifestaram contra a violência cometida. O MST ganha novo fôlego e se alastra por todo Brasil. Os estudantes voltaram às ruas, não mais com as "caras-pintadas". Voltaram politizados em luta contra o desemprego e a corrupção. As greves dos professores – em diversos graus do ensino – também retornam. E outras categorias passam a se organizar e a protestar, como os caminhoneiros das estradas contra as taxas dos pedágios e suas péssimas condições de trabalho; os "perveiros" (transporte coletivo urbano alternativo) pela igualdade nas condições de trabalho com os transportes convencionais etc.". (Gohn, 2000a, p. 20-21)

Percebe-se, então, que os novos movimentos sociais se posicionam pela luta da inclusão e da visibilidade das minorias, enfatizando a participação nos espaços democráticos instituídos como forma de negociação dos interesses.

3.3 Movimentos sociais e o advento da internet

Antes de falarmos sobre os movimentos sociais vinculados à internet, vamos retomar a definição de alguns termos essenciais. Como vimos anteriormente, de acordo com Gohn (2014), os movimentos sociais têm obrigatoriamente as seguintes características:

- **Liderança** — Trata-se da mesa diretora (representantes, presidentes) de onde partem as decisões e que podem agir em nome da representatividade do movimento.
- **Base** — É o alicerce, ou seja, o pressuposto teórico-político que fundamenta a bandeira de luta do movimento.
- **Demanda** — É o que o grupo elege como seus interesses, o que estimula e motiva a mobilização, isto é, o ponto de luta.
- **Opositores e antagonistas** — São os grupos e/ou indivíduos contrários ao movimento social de determinada bandeira de luta. Vamos usar como exemplo os grupos correlatos à religiosidade em relação ao movimento LGBT.
- **Conflito social** — São os embates e as divergências entre os que defendem o objetivo e a demanda de cada movimento social e seus antagonistas, gerando disputa. As partes envolvidas em um conflito devem viver dentro de uma mesma realidade geográfica, sob o mesmo regime e as mesmas condições políticas, culturais sociais e econômicas, tendo desacordo em interesses e em ideias, configurando uma guerra de forças que, se fosse unida, teria melhores condições de enfrentamento político.
- **Projeto sociopolítico** — É a sustentação que o movimento objetiva ter, ou seja, as demandas pontuais a serem atendidas.

Apesar dessas definições, precisamos ter cautela ao refletir acerca dos movimentos sociais contemporâneos, sobretudo porque os mecanismos tecnológicos de informação (principalmente a internet) vêm sendo usados para publicizar questões e mobilizar grupos contra algumas causas ou a favor delas. Tanto que têm entrado em pauta fortemente na internet questões como sistema democrático instituído, democracia da maioria (ou falsa democracia), corrupção, falta de ética, nepotismo, entre outras.

Como sabemos, desde sempre, a mídia tem papel central na formação de opinião das populações em geral, tanto porque são seus veículos as principais fontes de informação das massas quanto porque ela pode, a seu critério, dar menor ou maior visibilidade e crédito às notícias em geral – e com os movimentos sociais não seria diferente. Além disso, a mídia tem papel fundamental na formação política da população.

Ocorre que a mídia, por diversos motivos, tem mais interesse em legitimar os *status* consolidados, por isso, é frequente que desacredite os movimentos sociais de diversas maneiras, principalmente manipulando a opinião pública por meio de distorções de fatos e de omissões ou colocando os movimentos sob um viés condenável.

Nesse contexto, a internet nasceu, após os anos 2000, como um mecanismo que contém em si vários tipos de mídia, os quais, anteriormente, podiam ser consumidos em suportes específicos (televisão, rádio, jornais, revistas e redes sociais) e, com ela, surgiu um modo de comunicação mais participativo. Antes, a comunicação era unilateral (os tipos de mídia comunicavam e o consumidor absorvia as informações), mas, com a internet, isso passou a ser mais democrático, porque as pessoas passaram a poder emitir suas opiniões acerca de todos os assuntos, questionar ou fazer réplicas das opiniões emitidas e compartilhar as informações com as quais concordam ou das quais discordam.

Dessa forma, as pessoas passaram de consumidoras passivas da informação a produtoras de informação, uma vez que, em suas redes, vários outros usuários têm acesso ao que elas compartilham. Assim, a internet trouxe aos usuários uma liberdade de expressão como nunca antes vista (Zanetti; Luvizotto, 2014).

De acordo com Gohn (2004), sem dúvida, as redes sociais são mecanismos de mobilização e dão o tom dos novos movimentos sociais, os quais colocam em discussão basicamente quatro pontos:

1. lutas contra os efeitos da globalização;
2. luta pela ética na política;
3. aspectos da subjetividade humana;
4. luta pela autonomia.

Os movimentos que nascem das interações na internet são, de maneira geral, menos reivindicativos e mais propositivos, não se limitando ao voto, mas se ampliando à participação da vida em sociedade, compreendendo sujeitos que, embora tenham diferentes ideários, articulam-se para organizar mobilizações. Ocorre que "De simpatizantes da causa, os sujeitos que atendem as chamadas para os atos de protesto poderão se tornar ativistas de um novo movimento social" (Gohn, 2013, p. 248).

Nas redes sociais, por exemplo, as pessoas podem acessar diferentes opiniões sobre o assunto que escolherem, de fontes diversas, para delas tirar suas conclusões. Além disso, tendo em vista que há acesso cada vez mais amplo à rede mundial de computadores, esse é o novo contexto das lutas e das reivindicações contemporâneas.

Deve-se, no entanto, tomar cuidado porque a possibilidade de notícias falsas na internet é igualmente larga, bem como é grande o espaço para o descrédito de instituições sérias, e de ataque aos direitos humanos e às pessoas. Ao se usar esse veículo de comunicação no sentido de firmar movimentos sociais, é preciso fazer isso com seriedade e de maneira eficientemente articulada.

Apesar disso, a internet é certamente uma ferramenta a ser usada contra a alienação das massas e contra o monopólio de informação, uma vez que, com as pessoas compartilhando dados, elas desestabilizam esse monopólio, fazendo com que a informação seja cada vez mais abrangente e mais rápida.

Com a internet, os movimentos sociais ganham força, mas de maneiras diferentes. Os sujeitos, em prol de interesses em comum, podem se organizar sozinhos, em eventos criados nas redes e com discussões em tempo real acerca dos temas que julgarem relevantes.

Esse novo modo de realizar protestos e manifestações, impulsionado e organizado por meio de tecnologias de informação e comunicação, é chamado *ciberativismo*. De acordo com Murer (2013 grifo do original), o "**ciberativismo** é o uso dos meios de comunicação digital como principal veículo dos cidadãos para reclamar seus direitos, convocar passeatas, registrar protestos e divulgar notícias sobre as causas geradoras de suas insatisfações."
Esse meio proporciona, maior rapidez na veiculação das informações, baixo custo e maior visibilidade e alcance, visto que pode chegar a todos os países. Como exemplo de um desses mecanismos, destacamos a Comunidade Avaaz[1], que permite às pessoas criar, *on-line*, campanhas e petições públicas, compartilhando-as para adesão do maior número de pessoas.
Gohn (2014) considera que a cibercultura alterou as formas de mobilização social, ou seja, mudou as formas de comunicação, a linguagem e a organização dos indivíduos, sobretudo os jovens. Em suma, "A Internet não permite somente comunicar mais, melhor e mais rápido; ela alarga formidavelmente o espaço público e transforma a própria natureza da democracia" (Cardon, 2012, p. 1).
Estamos vivendo, certamente, um novo período dos movimentos sociais, mas vale ressaltar que ir às ruas protestar contra, por exemplo, a corrupção, o aumento das taxas de impostos e das tarifas dos serviços de transporte ou por moradia, entre outros motivos, não caracteriza um movimento social porque, por mais que uma ação envolva um grande número de pessoas, se ela for esporádica, não pode ser caracterizada como tal.

Esclarecendo...
As manifestações pela Europa
"Nós criamos o hábito de varrer nossos problemas para debaixo do carpete. Só que o nosso carpete histórico se parece cada vez

1 Grande parte das campanhas e das petições que são feitas via internet, de visibilidade global, são feitas no Avaaz. Disponível em: <https://secure.avaaz.org/page/po/>. Acesso em: 31 jan. 2019.

mais a uma montanha, está cada vez mais difícil de caminhar sobre ele. Não há solução imediata".

[...]

Em uma economia capitalista mais estruturada, como a Inglaterra, onde por anos a juventude foi extremamente alienada, houve uma verdadeira rebelião contra o apoio do Partido Liberal ao aumento das taxas para a educação superior. Os liberais opunham-se a esse aumento durante a campanha e a juventude inglesa realizou protestos massivos nas ruas e certamente os punirá nas futuras votações. E então vemos tanto o lado positivo quanto o negativo das nossas estruturas institucionais. O lado bom é que as pessoas revoltadas com a traição de um partido se manifestam e pressionam os partidos. Porém, o que mais podem fazer? Esperar anos pelo próximo pleito e colocar um pequeno pedaço de papel numa urna de votação. E o que um partido diferente pode trazer de novo? Muito pouco, quase nada. Uma vez eu citei a frase do escritor norte-americano Gore Vidal, sobre a situação política nos EUA. Ele afirmou que no seu país havia apenas um partido político com duas alas direitistas. Bem, na Inglaterra, na Itália e na Alemanha ocorre a mesma coisa. Não importa para onde você olhe as opções são limitadas porque a margem para a ação política é muito estreita.

Eu não esperaria grandes mudanças imediatas nas manifestações na Europa. Os problemas do nosso sistema capitalista são tão grandes que levará um grande tempo para que qualquer movimento surta efeito. Mas eu acredito que veremos ainda algumas mudanças fundamentais. Não significa que acontecerá nos próximos dois ou três anos, porque nós criamos o hábito de varrer nossos problemas para debaixo do carpete.

Só que o nosso carpete histórico se parece cada vez mais a uma montanha, está cada vez mais difícil de caminhar sobre ele. Isso ocorreu porque, diante de um problema, temos essa

> necessidade de encontrar uma solução a curto prazo, para um período de dois ou três anos. Basta se lembrar de quantos milagres econômicos ouvimos falar. Eu me lembro o milagre alemão, o milagre japonês e até o milagre brasileiro. Todos evaporaram, porque milagres não resolvem os problemas da nossa sociedade.
> Nossa sociedade deverá se confrontar com problemas estruturais e fundamentais, será uma grande mudança de uma ordem social para a outra. Tente projetar isso para o passado. Do sistema feudal para o sistema capitalista essa transformação levou séculos. Séculos de grandes crises. Imaginar que mudar de uma ordem social que foi dominante por três ou quatro séculos para outro pode levar apenas algumas décadas é ingenuidade.
>
> *Carta Capital*

Fonte: Mészáros, 2011.

Segundo Medeiros (2014, p. 1) "protestos e mobilização podem ser frutos da articulação de atores de movimentos sociais, ONGs, tanto quanto podem incluir cidadãos comuns que não estão necessariamente ligados a movimentos organizados", destacando como exemplos: a Marcha Nacional pela Reforma Agrária (desde 2005); a Parada do Orgulho *Gay* (desde 1995); a Marcha da Reforma Urbana (desde 2005); a Marcha Mundial das Mulheres (desde 2000) e a Marcha das Margaridas (desde 2000). Essas manifestações envolvem diversos segmentos de apoio e têm continuidade e periodicidade, sendo, portanto, movimentos sociais – que contemporaneamente podem, certamente, ser organizados pela internet.

3.3.1 Movimentos sociais do Brasil que foram iniciados pela internet

O Brasil vive um período de crise econômica desde 2008 e, com isso, ocorreu uma série de mobilizações sociais de diversas frentes. Em algumas dessas manifestações, a população se coloca contrária à situação das políticas estatais e da gestão do Estado, mas, de maneira geral, elas têm demandas consideradas universais e plurais e são convocadas e organizadas *on-line*, por meio do chamamento de indivíduos pelas redes sociais, o que altera significativamente a ação dos participantes, que passaram de militantes (como nos anos 1970 e 1980) para ativistas (Gohn, 2013).

Em junho de 2013, ocorreram manifestações em 12 capitais brasileiras (Salvador, Belo Horizonte, Rio de Janeiro, São Paulo, Curitiba, Brasília, Porto Alegre, Maceió, Vitória, Belém, Fortaleza e Recife) em virtude do que se chamou inicialmente *Movimento Vem Pra Rua*.

> Sabe-se que elas foram desencadeadas em São Paulo por coletivos organizados com o predomínio do MPL – Movimento Passe Livre, a partir de uma demanda pontual – contra o aumento da tarifa dos transportes coletivos. O crescimento das manifestações levou a ampliação das demandas com um foco central: a má qualidade dos serviços públicos, especialmente: transportes, saúde, educação e segurança pública. As manifestações fazem parte de uma nova forma de movimento social composta predominantemente por jovens, escolarizados, predominância de camadas médias, conectados por e em rede digitais, organizados horizontalmente e de forma autônoma, e críticos das formas tradicionais da política tais na atualidade. (Gohn, 2013, p. 249)

De acordo com Gohn (2014, p. 75), movimentos como esse "simbolizam uma nova forma de fazer política. Não a política partidária, oficial, mas a política no sentido dos gregos, do cidadão que se manifesta e discute na praça pública".

Figura 3.1 – Uma das manifestações de 2013

Alf Ribeiro/Folhapress

Na esteira do Movimento Vem Pra Rua, existe o Movimento Anticorrupção, nascido em Portugal e que, pelas mídias sociais, alastrou-se pelo mundo, chegando ao Brasil. Inclusive, em alguns países, esse movimento é desenvolvido como um partido político, mas, no Brasil, ele tem se disseminado de modo apartidário, e algumas frentes de mobilização se destacam como organizações.

Como exemplos, podemos citar a Articulação Brasileira contra a Corrupção e a Impunidade (Abracci); a ONG Transparência Brasil; o Instituto de Fiscalização e Controle (IFC); e o Movimento de Combate à Corrupção Eleitoral (MCCE).

> O IFC é uma iniciativa de um grupo de voluntários, profissionais da área de fiscalização e controle a cargo do Poder Público, ligados a várias entidades representativas de classe, tais como AUDITAR – União dos Auditores Federais de Controle Externo, UNACON – Sindicato Nacional dos Analistas e Técnicos e Finanças e Controle, AUDICAIXA – Associação dos Auditores Internos da Caixa Econômica Federal, ANEAC – Associação Nacional dos Engenheiros e Arquitetos da Caixa Econômica Federal e outras, que em 31 de maio

de 2005, criaram o Instituto de Fiscalização e Controle – IFC. (Diálogos do Sul, 2013)

O Movimento de Combate à Corrupção Eleitoral (MCCE) é uma rede formada por entidades da sociedade civil, movimentos, organizações sociais e religiosas que tem como objetivo combater a corrupção eleitoral, bem como realizar um trabalho educativo sobre a importância do voto visando sempre à busca por um cenário político e eleitoral mais justo e transparente.

O Comitê Nacional do MCCE é composto por mais de 60 entidades nacionais e está representado pela Secretaria Executiva do Movimento de Combate à Corrupção Eleitoral. (MCCE, 2019)

Vale ressaltar que a Plataforma dos Movimentos Sociais para a Reforma do Sistema Político, lançada em 2005 e assinada por 23 entidades, apregoa, no campo da ordem política, uma instância de independência e autonomia que preserva o compromisso com princípios democráticos. Quando o MCCE defendeu a Lei da Ficha Limpa – Lei Complementar n. 135, de 4 de junho de 2010 (Brasil, 2010a) –, contou com aproximadamente 1,5 milhão de assinaturas e outros 2,5 milhões de apoios virtuais.

E ainda há dois movimentos presentes no país, que são a **Política do Constrangimento**, que é um movimento que faz denúncias de corrupção, e o **Movimento Contra a Corrupção**, que também atua nesse sentido. Ambos os movimentos, desde o final de 1990, foram se ampliando e atualmente encampam mobilizações que protestam nas ruas, principalmente em feriados nacionais e/ou eventos de grande proporção, organizando-se por meio de redes sociais como *Facebook, Linkedin, Netlog, Yen* e o diretório do *Google Docs*, para informar e estimular ações no país.

Iniciado em janeiro de 2015 pelo chamado *tarifaço*, que foi um ajuste nos preços dos serviços que são regulados pelo governo, como energia elétrica, combustíveis e transporte, e, influenciando alguns estouros de escândalos na empresa estatal Petrobras, uma parcela da população, sobretudo os que votaram contra governo de esquerda até então vigente, apropriaram-se dos movimentos de protesto. Então, em 15 de março de mesmo ano, a população brasileira nas cidades do Rio de Janeiro, de Brasília, de Salvador, de Belo Horizonte, do Recife, de Fortaleza e de Aracaju foi às ruas manifestar-se contra o resultado das últimas eleições, pedindo o *impeachment* da então Presidenta Dilma Rousseff.

Figura 3.2 – População pede *impeachment* da Presidenta Dilma Rousseff, em 2015

Augusto Davster / Fotoarena

Nesse processo todo, pudemos assistir, de um lado, a uma mídia completamente favorável às manifestações de rua pró-*impeachment* e, de outro, a diversos protestos de pessoas que, embora fossem contra a corrupção e aos aumentos de tarifas, eram contrárias à retirada do mandato da Presidenta Dilma.

Figura 3.3 – Protesto contra o *impeachment* da Presidenta Dilma Rousseff

Peter Leone / Futura Press

Percebemos, então, que os movimentos sociais contemporâneos reivindicam as mais diferentes pautas, assim como refletem os momentos histórico e econômico e o direcionamento político da realidade; remetem, ainda, à incorporação e à organização das mobilizações populares. Entretanto, muitas vezes eles não são hegemônicos, como, por exemplo, ocupação de escolas públicas em São Paulo e em Goiás, quando o governo anunciou a intenção de privatizá-las.

Além disso, podemos destacar também o Movimento Passe Livre, que foi focado nos estados de São Paulo e do Rio de Janeiro, nos quais foi anunciado o aumento do preço do transporte coletivo, acarretando mobilizações da população.

Figura 3.4 – Movimento Passe Livre

Pulsar Imagens / Cesar Diniz

Como resultado dessas manifestações populares, houve a aprovação da Lei n. 12.846, de 1º de agosto de 2013, que "Dispõe sobre a responsabilização administrativa e civil de pessoas jurídicas pela prática de atos contra a Administração Pública, nacional ou estrangeira" (Brasil, 2013a), ou seja, trata-se de uma lei anticorrupção, cujos principais pontos previstos são:

- a punibilidade e as sanções a serem aplicadas em caso de corrupção e as possíveis medidas judiciais;
- incentivo às denúncias por meio da regulamentação dos acordos de tolerância;
- princípios básicos a serem seguidos pelos programas de integridade;
- criação de cadastros públicos de empresas inidôneas ou punidas.

Por fim, é importante destacar, conforme mencionamos anteriormente, que há distinção entre *movimentos sociais* e *protestos sociais*. Os primeiros não estão a serviço de algum modelo de sociedade perfeita e/ou de total igualdade, pois lutam pela efetivação da democratização das relações sociais, contestando a ordem posta.

Síntese

Como pudemos perceber ao longo deste capítulo, o conceito de classe social nasceu com o modo de produção capitalista, uma vez que o resultado desse sistema são as relações sociais desiguais e a divisão da sociedade em classe trabalhadora (que tem sua força de trabalho explorada) e burguesia (detentora dos meios de produção).

Por isso, embora não possamos dizer que os movimentos sociais – grupos organizados de pessoas com interesses e causas em comum, com uma identidade que os liga coletivamente – estão diretamente vinculados à classe trabalhadora, é certo que ela foi protagonista de muitos deles no Brasil e no mundo.

Nesse sentido, verificamos alguns dos principais movimentos sociais que ocorreram no Brasil, desde a época da ditadura militar, quando houve uma desmobilização da sociedade civil e uma série de perseguições, seguidas de exílio ou morte de diversas pessoas que tinham participação política em movimentos sociais. Passamos brevemente pelos contextos dos governos seguintes, da eleição direta de Fernando Collor de Mello até as medidas polêmicas de Michel Temer, apresentando os movimentos sociais mais importantes de cada período e as demandas pelas quais eles lutavam.

Vimos também que muitas reivindicações extrapolam a dimensão de mediações de classes e englobam questões maiores, de necessidade de transformações concretas imediatas. Nesse contexto, observamos que a mídia tem papel central na formação da opinião das populações em geral, pois seus veículos são as principais fontes de informação das massas. Porém, com o surgimento da internet, as pessoas passaram de consumidoras passivas da informação a produtoras de informação, uma vez que, em suas redes, os usuários têm acesso a tudo que é compartilhado. Assim, a internet trouxe aos usuários uma liberdade de expressão como nunca antes vista. No Brasil, a internet ajudou na organização de vários movimentos contemporâneos, como o Movimento Vem Pra Rua e outros que lutam contra a corrupção.

Para saber mais

BRASIL. Lei n. 13.467, de 13 de julho de 2017. **Diário Oficial da União**, Poder Legislativo. Brasília, DF, 14 jun. 2017. Disponível em: <http://www.planalto.gov.br/ccivil_03/_ato2015-2018/2017/lei/L13467.htm>. Acesso em: 9 jan. 2019.

Neste capítulo, abordamos a nova reforma trabalhista aprovada no Senado. Considerada por muitos uma reforma selvagem para com os trabalhadores e com finalidades que servem ao empresariado, a lei certamente será motivo de muitos novos movimentos sociais em nosso país.

Filmes

LULA, o filho do Brasil. Direção: Fabio Barreto. Brasil: Europa Filmes; Downtown Filmes, 2010. 130 min.

Baseado no livro homônimo da jornalista Denise Paraná, o filme mostra a trajetória da vida sindical e política de Luiz Inácio Lula da Silva, até ele chegar à presidência do Brasil, em 2003. Uma das características mais marcantes da obra é a maneira como a vida do personagem central é contada, tendo como pano de fundo os grandes acontecimentos sociais e políticos do país.

OLGA. Direção: Jayme Monjardim. Brasil: Lumière, 2004. 101 min.

Temática rara, assistindo ao filme *Olga*, podemos ter uma perspectiva do envolvimento do Brasil com a Alemanha nazista dos anos 1930-1940. A obra é uma representação da vida da militante comunista Olga Benário, que veio ao Brasil no ano 1935 acompanhando Luís Carlos Prestes, na tentativa de liderar uma revolução no país. Olga foi capturada e deportada à Alemanha nazista, onde morreu em uma câmara de gás.

Questões para revisão

1. Analise as afirmativas a seguir e marque V para as verdadeiras e F pra as falsas.

   ( ) Durante o período da ditadura militar no Brasil, a classe trabalhadora passou por duros golpes: muitos funcionários públicos perderam seus cargos, os sindicatos foram violentamente repreendidos e os direitos de greve foram anulados. Apesar disso, houve benefícios e grandes avanços, como o fato de as empresas poderem parcelar o 13º salário dos empregados e reduzir o salário, quando o funcionário estivesse "de acordo".

   ( ) Uma das medidas mais populares do governo Collor foi a retenção da poupança das pessoas (com a justificativa de usar o dinheiro para financiar projetos do governo) porque isso resolveu a dívida do país e, logo depois, o dinheiro foi devolvido às pessoas.

   ( ) Os governos neoliberais de Collor e FHC trouxeram para a classe trabalhadora um forte sentimento de descrédito na possibilidade de transformação da sociedade e enfraqueceram os movimentos sociais. Além disso, no governo FHC (que durou até 2002), houve muita repressão dos movimentos sociais e sindicais combativos.

   ( ) Durante a ditadura no Brasil, os empregos passaram a ser usados como forma de repressão e controle da população, o que foi um fator benéfico, uma vez que no país havia, de fato, um grande contingente de pessoas desocupadas.

   ( ) Atualmente, após os governos de Lula e de Dilma Rousseff, e com a direita ganhando poder mais uma vez no governo, vemos uma nova retração dos direitos trabalhistas.

   ( ) No que se refere aos movimentos sociais, podemos afirmar que, independentemente da classe econômica e social, da cultura e da religião das pessoas, há uma justificativa, uma aspiração e um desejo que as mobilizam em torno de um objetivo comum.

Agora, assinale a alternativa que corresponde à sequência correta:
a) F, F, V, V, V, V.
b) V, F, V, F, V, V.
c) F, F, V, F, V, V.
d) F, F, V, V, F, V.

2. Sobre os novos movimentos sociais, assinale a alternativa correta:
   a) Os novos movimentos sociais não podem ser considerados ambíguos porque eles pressionam, reivindicam e propõem ao Estado ações da sociedade civil, tornando-se, assim, transformadores da comunidade, com capacidade de fortalecimento da sociedade. Ao mesmo tempo, nunca trabalham em prol do fortalecimento da relação entre Estado e sociedade civil.
   b) As lutas sociais dos anos 1990, mesmo depois de se tornarem públicas, jamais adentraram a agenda do Estado nem foram legitimadas por meio de legislações específicas a cada segmento, porque os movimentos ou instituições não governamentais passaram a atuar em áreas específicas e sobre segmentos aos quais o Estado já ofertava cobertura integral.
   c) Com pautas mais direcionadas, os novos movimentos sociais foram fragmentados e, por isso, ganharam mais força e, atualmente, fazem muita diferença e influenciam o Estado na colocação de temas contraditórios na pauta das políticas públicas.
   d) Os novos movimentos sociais se caracterizam pela luta da inclusão e da visibilidade das minorias, enfatizando a participação nos espaços democráticos instituídos como forma de negociação dos interesses.

3. Sobre os movimentos sociais contemporâneos, pós-internet, assinale a alternativa **incorreta**:
   a) O que marcou o advento do início dos pedidos de *impeachment* da Presidenta Dilma Rousseff foi o tarifaço.
   b) Tanto os movimentos pró quanto os movimentos contra o *impeachment* da Presidenta Dilma Rousseff foram, de maneira geral, convocados e organizados pela internet.
   c) Os movimentos sociais contemporâneos, ao contrário daqueles dos anos 1980, estão a serviço de um modelo de sociedade perfeita e/ou de total igualdade.
   d) Um dos principais resultados dos movimentos sociais contemporâneos é a aprovação da Lei n. 12.846, de 1º de agosto de 2013.

4. Como podemos classificar, de maneira geral, os movimentos sociais que nascem das interações na internet?

5. Podemos afirmar que os movimentos sociais vêm das classes trabalhadoras? Justifique.

Questões para reflexão

1. Neste capítulo, observamos as amplas formas de manipulação midiática e o papel da internet como mecanismo libertador, uma vez que as pessoas passam a consumir a informação não mais como sujeitos passivos, mas como sujeitos ativos. Ainda assim, você considera que pode haver manipulação midiática na internet e que, mesmo ela sendo um mecanismo libertador, as pessoas podem ser influenciadas em massa? Se sim, de que forma? Justifique sua resposta e dê um exemplo recente.

2. Que fatores fazem com que as pessoas não participem das ações coletivas e dos movimentos sociais contemporâneos?

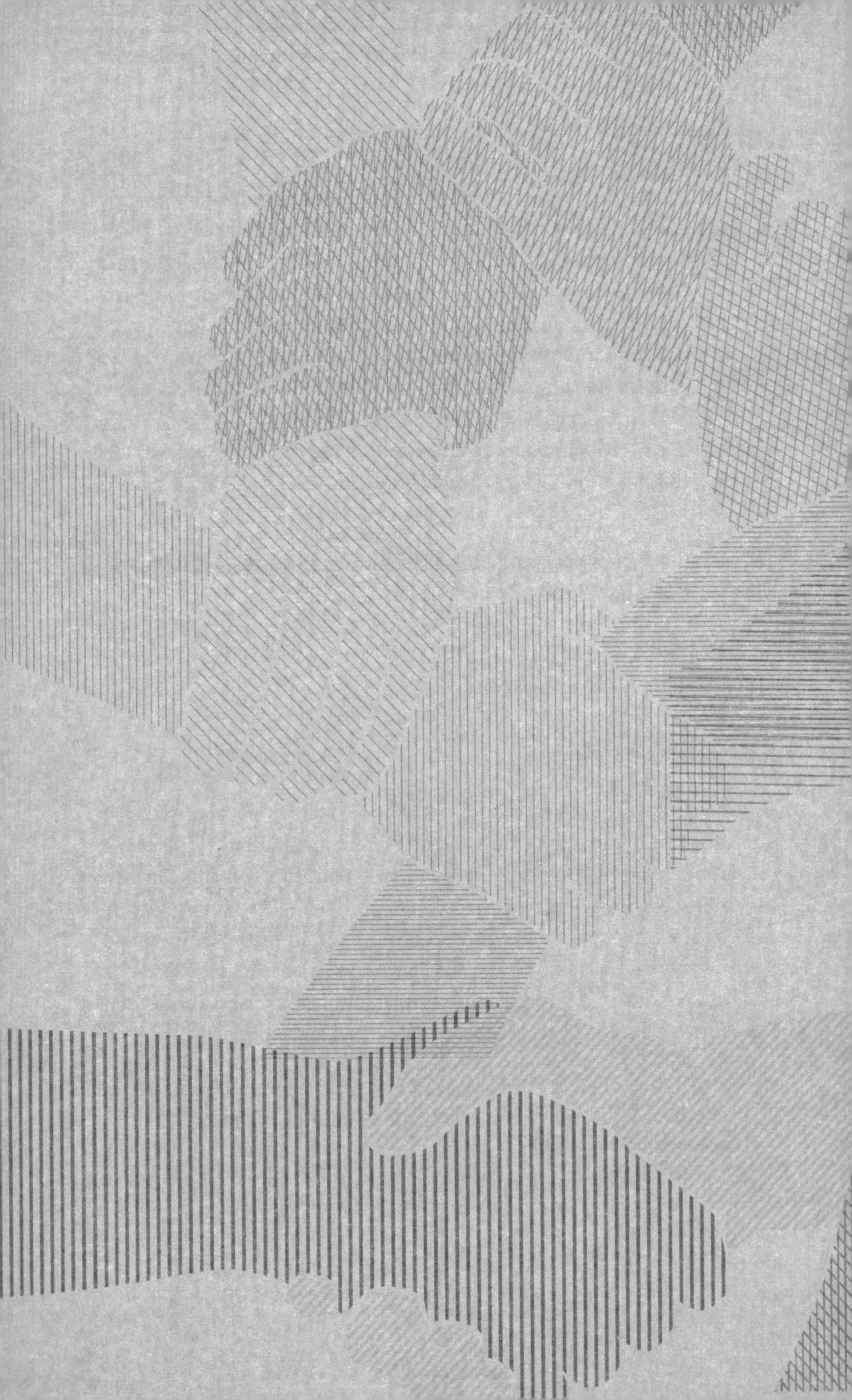

CAPÍTULO 4

Direitos humanos, movimentos sociais e serviço social

Conteúdos do capítulo:

- Direitos Humanos: perspectiva histórica.
- Vínculo entre serviço social e classe trabalhadora.
- Controle social, participação social e conselhos.

Após o estudo deste capítulo, você será capaz de:

1. descrever a história das lutas pelos direitos humanos no mundo e no Brasil, seus ganhos e seus retrocessos;
2. reconhecer os direitos humanos como possibilidade para o projeto ético-político de assistência social;
3. localizar o âmbito de atuação do assistente social no que se refere aos direitos humanos;
4. identificar de que forma o serviço social se vincula à classe trabalhadora;
5. perceber os movimentos negro e indígena como representantes da luta por direitos humanos;
6. compreender o que é controle social, como ele se diferencia da participação social e de que formas ele pode ser exercido;
7. indicar de que forma e por meio de quais órgãos o controle social é exercido no Brasil.

Neste capítulo, nosso tema será a luta pela ampliação dos direitos humanos no Brasil e no mundo, bem como a relação do serviço social com a classe trabalhadora. Para isso, partiremos de um estudo histórico dos direitos humanos e da observação da afinidade e do vínculo intrínseco que o serviço social tem com as lutas da classe trabalhadora. Essa análise nos possibilitará visualizar, de maneira geral, as fases de construção dos direitos por cidadania e de que forma o serviço social contribuiu para isso, com seus pressupostos de projeto ético-político, uma vez que estes também assumem a identidade de um planejamento societário no trabalho contra as desigualdades sociais.

4.1 Lutas pela ampliação dos direitos humanos

Nos capítulos anteriores verificamos a definição de movimentos sociais, como eles se formam e suas expressões contemporâneas. No entanto, sempre é válido relembrar a ideia básica de formação do conceito. Para Agamben (2009, p. 1), "quando ao 'povo' não é permitido apresentar-se como protagonista de uma determinada ordem social, ou seja, quando lhe é usurpado o direito de participação política sobre os destinos da nação", os movimentos sociais se apresentam na defesa de direitos políticos, sociais, de expressão e de organização de segmentos da população que se encontram em situação de fragilidade e vulnerabilidade, tanto individual quanto social.

Vimos também que os movimentos sociais não surgiram em sociedades democráticas, mas em momentos em que os direitos à participação política e ao exercício da liberdade eram limitados ou inexistentes. Como exemplos, podemos citar, no Brasil, os anos 1970 e 1980, durante a ditadura militar, que tirou da população brasileira e de representações da sociedade civil a possibilidade de participação na vida política do país. O autoritarismo foi marca registrada desse momento e tolheu muitos movimentos sociais, sobretudo os de resistência ao regime; além disso, as mobilizações atreladas a comunidades eclesiais de base, os movimentos associativistas e de luta pela terra, entre outros, sofreram forte repressão.

Nesse sentido, Frank e Fuentes (1989) consideram que, quando os indivíduos e os grupos desempenham ações coletivas, lutam e compartilham de um mesmo projeto ou objetivo, eles despertam e externam sentimentos de pertencimento social. De acordo com esses autores, os movimentos sociais se alicerçam "num sentimento de moralidade e (in)justiça e num poder social baseado na mobilização social contra as privações (exclusões) e pela sobrevivência e identidade" (Frank; Fuentes, 1989, p. 19). Assim, as condições precárias e as injustiças fortalecem os grupos e os unem. É por isso que sindicatos, organizações não governamentais (ONGs) e movimentos sociais conquistaram muitos direitos coletivamente, pois tornaram públicas as condições dos indivíduos e dos grupos.

Vale ressaltar também que, antes de abordarmos os direitos humanos, precisamos ter clareza de que os direitos civis e políticos (educação, saúde, habitação e trabalho) passaram a ser conquistados no século XVIII, no contexto liberal, e que apenas nos séculos XIX e XX eles foram legitimados e regulamentados mundialmente. Em meio ao processo de busca por esses direitos fundamentais, também se passou a lutar pelos direitos do ser humano. Um dos principais resultados desse esforço foi, em 1789, durante a Revolução Francesa, a promulgação da Declaração dos Direitos do Homem e do Cidadão, sob os fundamentos do Iluminismo, que foi o documento usado como inspiração para a criação da Declaração Universal dos Direitos Humanos, em 1948.

Perguntas & respostas

Por que a Declaração Universal dos Direitos Humanos foi criada apenas em 1948?

Porque houve, depois do fim da Segunda Guerra Mundial, em 1945, um maior direcionamento para as relações entre o ser humano, a sociedade e o Estado, bem como um maior foco nos direitos do homem. Foi também depois da guerra que foi criada a Organização das Nações Unidas (ONU), em 24 de outubro de 1945, com o objetivo de restabelecer direitos e a garantir a vida humana após os confrontos que resultaram em inúmeras atrocidades contra a nossa espécie (Matos, 2006).

De acordo com Benevides (2009, p. 5),

> os Direitos Humanos são universais no sentido de que aquilo que é considerado um direito humano no Brasil também deverá sê-lo com o mesmo nível de exigência, de responsabilidade e de garantia em qualquer país do mundo, porque eles não se referem a um membro de uma sociedade política; a um membro de um Estado; eles se referem à pessoa humana na sua universalidade. Por isso são chamados de direitos naturais, porque dizem respeito à dignidade da natureza humana. São naturais, também, porque existem antes de qualquer lei, e não precisam estar especificados numa lei, para serem exigidos, reconhecidos, protegidos e promovidos.

A Declaração Universal dos Direitos Humanos tenta passar a mesma ideia de igualdade em questão de direitos, dizendo que "todos os seres humanos nascem livres e iguais em dignidade e direitos" (Unesco, 1998), mas a incorporação dessa ideia pelas instituições não é simples nem rápida e, por isso mes mo, essa premissa precisa sempre ser reafirmada. Para isso, são promovidos eventos, como a I Conferência Mundial de Direitos Humanos, de Teerã, em 1968, e a II Conferência Mundial de Direitos Humanos, em Viena, em 1993 (Almeida, 2005).

Esclarecendo...

Na conferência de abertura do curso Cidadania e Direito à Educação, realizado em São Paulo no dia 13/03/2010 e promovido pela Ação Educativa, o assessor de Direitos Humanos do INESC[1] e coordenador da Plataforma DhESCA Brasil[2], Alexandre Ciconello, fez uma ampla exposição sobre o significado dos direitos humanos e destacou a historicidade do conceito, bem como os desafios para sua efetivação, contextualizando o desenvolvimento e o reconhecimento dos direitos civis e políticos e dos direitos econômicos, sociais e culturais. "Direitos humanos são construção histórica, a própria noção de direito é uma conquista, que advém de luta social. Os direitos são conquistados por quem vive em situação de opressão e violação de direitos", destacou.

[...]

Em sua apresentação, Ciconello elencou quatro desafios para a efetivação dos direitos humanos no Brasil, a partir das motivações do não cumprimento pleno desses direitos. Nesse sentido, a questão das desigualdades surgiu como tema central da exposição. "O Brasil é estruturalmente uma sociedade desigual. Então, a universalização dos direitos se coloca como questão estruturante".

Ciconello destacou três entraves principais: patrimonialismo, racismo e sexismo, que geram desigualdades relacionadas a renda, raça, gênero e território. As políticas públicas universais ainda não são suficientes para universalizar direitos, por se defrontarem com tais entraves. A política de saúde, exemplificou Ciconello, ainda que tenha como pressuposto a universalidade do atendimento, revela-se desigual

---

1 Instituto de Estudos Socioeconômicos. Disponível em: <https://www.inesc.org.br/>.
2 Plataforma de Direitos Humanos. Disponível em: <http://www.plataformadh.org.br>.

na materialidade do sistema, uma vez que as mulheres negras são, de acordo com pesquisas, pior atendidas do que as brancas.

Para elucidar a questão da desigualdade que resulta do racismo, Ciconello valeu-se de dados do Programa Nacional das Nações Unidas para o Desenvolvimento (PNUD). De acordo com relatório PNUD (2005), o Índice de Desenvolvimento Humano (IDH) do Brasil colocava o país, em 2002, na 73ª posição. "Se desagregássemos os indicadores sociais e de renda que formam o índice por raça/cor, teríamos que o Brasil negro ocuparia a *105ª* posição no /ranking/, enquanto o Brasil branco ocuparia a *44ª* posição. A comparação entre o Brasil branco e o Brasil negro expressa em estatísticas a distância desses dois mundos. A taxa de matrícula no ensino médio é outro exemplo. Ainda que tenha crescido para ambos, manteve a distância no acesso entre negros e brancos", afirmou. Além disso, apontou-se a discriminação no mercado de trabalho, expressa pela diferença salarial entre negros e brancos com mesma escolaridade média.

Justifica-se, portanto, como primeiro desafio, a adoção de medidas afirmativas, para que se cumpra aquilo que está expresso em tratados e convenções internacionais assinados pelo Brasil, em que o País se compromete a reduzir as desigualdades raciais. "Isto só se realiza por ações afirmativas, uma vez que a igualdade formal do direito mantém privilégios. As políticas universais não estão conseguindo diminuir a desigualdade, por isso a necessidade de políticas afirmativas para universalizar direitos. Não se deve tratar de forma igual os desiguais".

Como segundo desafio, Ciconello colocou o enfrentamento da violência, estrutural no País. "O Brasil é o sexto país onde mais se mata no mundo. São 26 homicídios por 100 mil habitantes. Na Europa não se chega a 2 por 100 mil e nos EUA, considerado um país violento, a taxa está em 7 por 100 mil", comparou. Todos os países posicionados acima do Brasil no ranking passam ou passaram recentemente por guerra civil.

A violência se reflete na situação de mulheres, jovens negros, crianças, bem como na criminalização da pobreza e dos movimentos sociais. "Quem luta para mudar a realidade é criminalizado. Quem luta por democracia, pelo acesso à terra, pelos direitos reprodutivos, por democratização da comunicação etc, é criminalizado e relacionado a um contexto de violência", explica. É nesse sentido que defensores de direitos acabam perseguidos pela luta contra a exclusão e a opressão.

Ciconello também relacionou o tema com o modelo de desenvolvimento excludente e ambientalmente insustentável, elencado como terceiro desafio. "Devemos nos perguntar a quem o Estado beneficia com o agronegócio. O modelo macroeconômico de desenvolvimento do País é prejudicial aos direitos humanos, na medida em que concentra renda, é excludente e ambientalmente insustentável", destacou, relacionando em seguida a política macroeconômica com o orçamento público. "A principal aplicação de recursos é para diminuir o custo para a reprodução do capital, para beneficiar atividades predatórias e a poucos grupos".

Dessa forma, o especialista comparou os investimentos em políticas compensatórias como o programa Bolsa Família e aquilo que é gasto para pagamento de juros da dívida pública. "Entre 2004 e 2007, a União gastou R$ 755 bilhões com os juros da dívida, o que corresponde a 30% do orçamento. Já pelo [programa] Bolsa Família foram investidos R$ 12 bi".

Outro questionamento está no privilégio do agronegócio exportador em detrimento da agricultura familiar. Ainda que expresse altas cifras, Ciconello questiona quem se beneficia disso. "Apenas uma elite do campo, e que ainda prejudica o meio ambiente".

Já o quarto desafio é a construção de uma cultura em direitos humanos, a conscientização das pessoas em relação à temática. "É urgente a democratização das telecomunicações no país, hoje concentrada nas mãos de poucas famílias, ligadas ao poder econômico. Há uma reprodução de visão única, o que dificulta a conscientização da necessidade de luta pelos direitos".

> O conferencista finalizou sua exposição afirmando que tais concepções e desafios basearam a formulação do 3º Plano Nacional de Direitos Humanos – PNDH 3, divulgado recentemente pelo Governo Federal e que vem sofrendo sistemáticos ataques de setores conservadores justamente por pautar questões centrais para a realização da justiça social no País, como a distribuição da terra, a preservação do meio ambiente, a laicidade do Estado e o respeito à liberdade religiosa, o direito das mulheres e as políticas afirmativas.

Fonte: Ciconello, 2010.

Os ideais dos direitos vêm, então, como contraponto ao individualismo afirmado na sociedade capitalista e às classes sociais, ou seja, o preceito liberal de isonomia que está impresso na Declaração Universal dos Direitos Humanos reafirma a luta por igualdade e, nesse sentido, pressupõe a continuidade da busca pela neutralização da desigualdade promovida por esse modo de produção.

De acordo com Montaño (2002), é por isso que a cultura chamada *possibilismo* é tão amplamente disseminada: nela, entende-se a atual realidade como imutável, afirmando-se que mudanças ocorrem apenas dentro do que é possível (o que reafirma a sociedade de classes) e que as garantias legais de igualdade e de direitos são de outra natureza, como a liberdade que todos têm de ir e vir. Além disso, para essa reafirmação da sociedade de classes e para neutralizar as lutas por direitos iguais, costuma-se desacreditar fortemente os movimentos sociais e as mobilizações em prol dos direitos de todos.

4.1.1 Movimento negro e movimento indígena como exemplos de lutas sociais

Os movimentos negro e indígena são dois exemplos de lutas sociais contemporâneas que mais ganharam espaço no Brasil. Ambos defendem a bandeira de uma identidade étnica opondo-se ao colonialismo, ao racismo e a toda forma de expropriação. O projeto desses dois grupos é ter reconhecidos, respeitados e preservados sua identidade, sua cultura, seus costumes e seus valores, os quais constantemente sofrem ameaças e tentativas de aculturação.

O movimento negro surgiu no Brasil ainda durante o período colonial, com os quilombos, além de outras iniciativas, sendo conhecidos personagens (como Zumbi dos Palmares), que se rebelaram contra o regime de escravidão. Os levantes e as lutas foram tantos que, em 1888, foi assinada a Lei Áurea, que abolia a escravidão em território brasileiro. No entanto, com a liberdade, veio também a necessidade de outros tipos de lutas, como contra a descriminação racial e social: os negros libertos foram obrigados a habitar em guetos e em morros, não apenas como forma de se protegerem mutuamente, mas também porque, fora das comunidades que formavam, não havia oportunidades para eles.

Nesse sentido, o movimento negro contemporâneo é ativo em prol de políticas públicas para negros, compensação dos anos de trabalhos forçados, inclusão dos negros em universidades, postos de trabalhos e demais campos educacionais, bem como mais leis contra o racismo e a segregação.

Podemos mencionar como vitória desse movimento a política de cotas nas universidades e o Programa Universidade para Todos (Prouni). Porém, por mais que possamos assinalar esses avanços, devemos considerar que ainda há muito o que se fazer para que haja igualdade plena de direitos.

Por sua vez, o movimento indígena começou se organizar no Brasil durante a ditadura militar, quando o governo, com suas políticas de expansão do território do exército, tomou para si terras que pertenciam a tribos indígenas.

Desde então, o movimento indígena vem se estabelecendo para manter sua cultura e seus costumes, bem como seus territórios no país – questões que perpassam não apenas os âmbitos culturais, mas também socioambientais e humanitários. Dessa forma, seja, a organização desse movimento atua pela garantia, pela efetivação e pela defesa dos direitos indígenas, e tem como eixo central a luta por território, mas de modo que essa bandeira represente os demais direitos: reconhecimento étnico, educação, saúde, projetos socioeconômicos e utilização do meio ambiente. Como algumas conquistas desse movimento, podemos destacar a criação do Parque Indígena do Xingu, em 1961, pelo então Presidente Jânio Quadros.

Ao analisar esses dois movimentos que tomamos como exemplo, podemos perceber que os valores ideológicos têm importância fundamental na definição dessas lutas, bem como nas bandeiras de defesa e até mesmo na condução da ação coletiva dos grupos (Ferreira, 2003).

4.2 Controle social

Foram os movimentos sociais atuantes que deflagaram resistências, ações e conflitos que possibilitaram às pessoas expor suas necessidades e lutar por direitos iguais. Por isso, podemos dizer que essas mobilizações fizeram com que os cidadãos passassem a ter mais interesse em participar da elaboração de políticas públicas.

Assim, o exercício do controle social não cabe exclusivamente ao Estado, mas também à população. E vale lembrar, ainda, que existem dois tipos de controle:

1. Controle social característico do capitalismo — Exercido pelo Estado sobre a sociedade, de modo a controlar as classes subalternas e suas organizações.
2. Controle social democrático — Resultante das mobilizações sociais, entendido como a "possibilidade da sociedade civil organizada participar da formulação e fiscalização das políticas sociais, nos três níveis federados" (Calvi, 2008, p. 216).

Perguntas & respostas

Você sabe a diferença entre participação e controle social?

Tanto a participação quanto o controle social são direitos de todos garantidos na Constituição Federal, porém, apesar de estarem relacionadas, são coisas diferentes. A partir da participação social nas políticas públicas, os cidadãos são ouvidos no processo de tomada de decisão dos governantes, contribuindo para que essas políticas atendam ao interesse público. Já a partir do controle social, os cidadãos podem fiscalizar a ação do Estado, exigindo que o governo preste contas sobre o uso dos recursos públicos. A população verifica, assim, se o poder público está, de fato, atendendo às demandas da sociedade.

Em resumo: a participação social visa ao diálogo entre a sociedade e o governo no processo decisório das políticas públicas, e o controle social permite que a sociedade fiscalize as ações do governo.

A participação social e o controle social no âmbito do Programa Bolsa Família – assim como do Cadastro Único – estão previstos na legislação e, atualmente, fazem parte das atribuições dos Conselhos de Assistência Social (CAS).

Fonte: Brasil, 2015.

No Quadro 4.1, apresentamos alguns dos principais espaços de participação social e de diálogo disponíveis atualmente na Administração Pública federal.

Quadro 4.1 – Principais espaços de participação social e diálogo existentes na Administração Pública federal

Espaço de participação e diálogo	Descrição
Conselhos de políticas públicas	Conselhos são espaços participativos, que podem ser tanto consultivos como deliberativos, nos quais é prevista certa permanência no tempo. São compostos por representantes do poder público e da sociedade civil, esta podendo ser dividida em diferentes segmentos. Os conselhos têm como finalidade incidir nas políticas públicas de determinado tema, e suas atribuições variam nos diversos contextos.
Conferências de políticas públicas	São eventos que ocorrem com periodicidade específica (geralmente bianualmente), nos quais as principais questões e os direcionamentos normativos de áreas temáticas em políticas públicas são determinadas. As conferências ocorrem geralmente nos três níveis de governo (municipal, estadual e federal), sendo que, em cada um, problemáticas correlatas são discutidas e, conforme o avançar das negociações, levadas ao próximo nível. A participação é aberta ao público, ainda que, em geral, nos níveis estadual e federal, apenas delegados escolhidos no âmbito das conferências do nível anterior tenham poder de voto.
Ouvidoria pública	A ouvidoria pública é uma instituição que auxilia o cidadão em suas relações com o Estado. Deve atuar no processo de interlocução entre o cidadão e a Administração Pública, de modo que as manifestações decorrentes do exercício da cidadania provoquem contínua melhoria dos serviços públicos prestados. A existência de uma unidade de ouvidoria na estrutura de um órgão público pode estreitar a relação entre a sociedade e o Estado, permitindo que o cidadão participe da gestão pública e realize um controle social sobre as políticas, os serviços e, indiretamente, os servidores públicos. A ouvidoria tem por propósito, portanto, buscar soluções para as demandas dos cidadãos; oferecer informações gerenciais e sugestões ao órgão em que atua, visando ao aprimoramento da prestação do serviço, além de contribuir para a formulação de políticas públicas.

(continua)

(Quadro 4.1 – continuação)

Espaço de participação e diálogo	Descrição
Audiências públicas	Audiências públicas são encontros presenciais, promovidos pelo governo, em torno de temáticas específicas, com o objetivo de discutir aspectos concernentes a uma determinada política, sendo aberta a participação de indivíduos e grupos interessados. É muito comum, por exemplo, a realização de audiências públicas na área ambiental, quando, em geral, o governo está obrigado a analisar os impactos não apenas ambientais, mas também sociais de determinados projetos e, por isso, resolve consultar a sociedade acerca de suas opiniões e demandas para o caso específico.
Consultas públicas	As consultas públicas são instrumentos bastante semelhantes às audiências públicas, principalmente no que tange à compreensão das principais demandas e reclamações da sociedade em questões específicas. No entanto, a principal diferença da consulta pública é que sua estruturação não se dá presencialmente, mas por meio de ferramentas de votação e de colaboração a distância, como internet e telefone. *Grosso modo*, é possível observar sua utilização relativamente frequente por parte de agências reguladoras e na área da saúde. A Secretaria de Assuntos Legislativos do Ministério da Justiça tem utilizado processos de consulta *on-line* para viabilizar o debate com os cidadãos interessados nas propostas legislativas em análise naquele órgão. Desde 2009, já foram objeto de consulta nesse novo formato o Marco Civil da Internet, além de temas como classificação indicativa, proteção de dados pessoais, Código de Processo Civil e Código Comercial.
Grupos de trabalho	Espaços de debate e proposição sobre um tema específico ou de acompanhamento de um processo político. Podem existir três grupos de trabalho: (1) estritamente governamentais (com a presença de representantes da sociedade civil como convidados); (2) paritários; e (3) aqueles cuja maioria dos integrantes são representantes da sociedade. Em geral, são criados por algum instrumento normativo (decreto, portaria etc.) que define seus objetivos, prazo de funcionamento e composição. São exemplos o grupo de trabalho formado para organizar a 11ª Conferência Nacional de Direitos Humanos, que produziu diretrizes para a construção do III Programa Nacional de Direitos Humanos, e o grupo de trabalho sobre o marco legal das organizações da sociedade civil.

(continua)

(Quadro 4.1 – conclusão)

Espaço de participação e diálogo	Descrição
Reuniões	São espaços comuns de participação não institucionalizada nos quais organizações da sociedade civil, sindicatos, movimentos sociais e empresários, entre outros, estabelecem um diálogo presencial com representantes do poder público sobre determinada agenda. Esses espaços permitem a interação com grupos específicos, apresentação de demandas, negociação, recebimento de informações etc.
Mesas de negociação ou mesas de diálogo	Essas novas interfaces estabelecidas entre os âmbitos do Estado e da sociedade constituem, via de regra, iniciativa do próprio governo em resposta à representação ou às demandas de entidades ou movimentos sociais com fins de solucionar eventuais e/ou potenciais conflitos. Esse tipo de experiência tem caráter de ineditismo no país. Três tipos de mesas ocorreram no governo Lula, variando tanto em temática quanto em desenho e dinâmica: (1) a Mesa Nacional de Negociação Permanente com os Servidores Públicos, instituída em 2003; (2) a Mesa de Negociação do Salário Mínimo, instituída em 2005; e (3) a Mesa de Diálogo para Aperfeiçoar as Condições de Trabalho na Cana-de-Açúcar, instituída em 2008 (Pires; Vaz, 2012, p. 12).
Plano Plurianual (PPA)	Em 2003, o Governo Federal estabeleceu, em conjunto com diversas redes e fóruns de organizações da sociedade civil e movimentos sociais, um processo participativo pioneiro de participação popular no Plano Plurianual (PPA 2004-2007). Foram realizadas plenárias nos 27 estados da Federação. Em 2011, o Governo Federal iniciou um novo processo participativo na formulação da dimensão estratégica e no estabelecimento de uma sistemática de monitoramento participativo do PPA 2012-2015. Esse processo tem se dado por meio da criação de um espaço de participação chamado *Fórum Interconselhos*, que conta com a presença de representantes da sociedade civil de diversos conselhos nacionais, assim como outras organizações, redes e movimentos sociais.

Fonte: Elaborado com base em Grau, 2010.

Vale lembrar que o acesso à informação é um direito constitucional: "todos têm o direito de receber dos órgãos públicos informações de seu interesse particular, ou de interesse coletivo ou geral, que

serão prestadas no prazo da lei sob pena de responsabilidade, ressalvados aquelas cujo sigilo seja imprescindível à segurança da sociedade e do Estado" (Brasil, 1988).
No Brasil, desde 1996, compete aos municípios criar seus conselhos e administrar os recursos destinados às áreas sociais. Veja a Figura 4.1.

Figura 4.1 – Criação de conselhos municipais a partir dos anos 1990, no Brasil

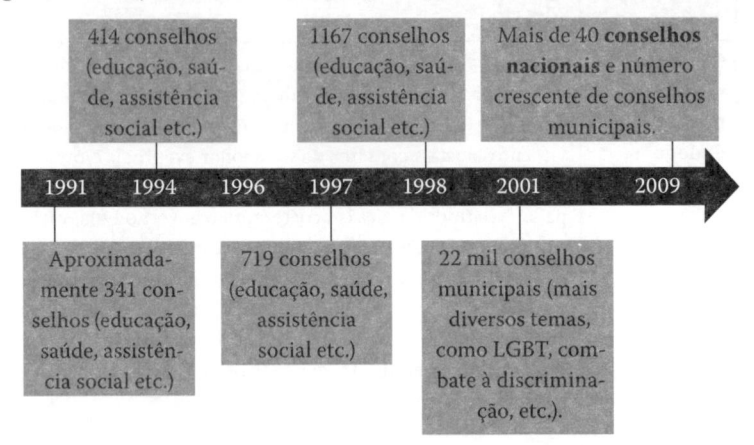

1991	1994	1996	1997	1998	2001	2009
		414 conselhos (educação, saúde, assistência social etc.)		1167 conselhos (educação, saúde, assistência social etc.)		Mais de 40 **conselhos nacionais** e número crescente de conselhos municipais.
Aproximadamente 341 conselhos (educação, saúde, assistência social etc.)			719 conselhos (educação, saúde, assistência social etc.)		22 mil conselhos municipais (mais diversos temas, como LGBT, combate à discriminação, etc.).	

Fonte: Elaborado com base em Souza, 2008; Gohn, 2010b.

Bravo (2009) pontua que os conselhos e as conferências têm a função de ampliar a democracia representativa, tornando-a participativa, intensificando discussões e deliberações acerca das políticas públicas e possibilitando o acesso da população a seus direitos. A autora ressalta, ainda, que existem três modalidades de conselhos:

1. conselhos gestores de programas governamentais;
2. conselhos de políticas setoriais;
3. conselhos temáticos.

Aos olhos do governo, o conjunto desses conselhos deixa claro que "as contribuições dos movimentos e organizações sociais impactam as políticas públicas e são garantias de execução

[...], isto significa uma mudança na relação com a sociedade civil e um autêntico reconhecimento do papel das entidades" (Lambertucci, 2009, p. 72).

Além disso, precisamos considerar que existe uma relação ambígua de liberdade no seguinte sentido: ao mesmo tempo que a instituição do controle social aumentou a participação cidadã na vida e no estabelecimento de normas para a intervenção do Estado, é o próprio Estado que cuida dessas instâncias participativas e as controla, o que, de certa forma, simboliza também uma perda de autonomia dos movimentos sociais.

Perguntas & respostas

Qual a finalidade dos conselhos de políticas públicas?

A finalidade dos conselhos de políticas públicas é servir como instrumentos para garantir a participação popular, o controle social e a gestão democrática das políticas e dos serviços públicos, envolvendo o planejamento e o acompanhamento da execução dessas ações. Dessa forma, as decisões deliberativas são aquelas que a autoridade responsável pela execução da política deve obrigatoriamente acatar.

Ao falar sobre o tema dos conselhos de políticas públicas, Moroni (2009, p. 114) argumenta que, muito mais do que canais de participação, eles "marcam uma reconfiguração das relações entre Estado e sociedade e instituem uma nova modalidade de controle público sobre a ação governamental e, idealmente, de corresponsabilização sobre o desenho, monitoramento e avaliação de políticas".
Dessa forma,

A **função fiscalizadora** dos conselhos pressupõe o acompanhamento e o controle dos atos praticados pelos governantes.

A **função mobilizadora** refere-se ao estímulo à participação popular na gestão pública e às contribuições para a formulação e disseminação de estratégias de informação para a sociedade sobre as políticas públicas.

A **função deliberativa**, por sua vez, refere-se à prerrogativa dos conselhos de decidir sobre as estratégias utilizadas nas políticas públicas de sua competência.

A **função consultiva** relaciona-se à emissão de opiniões e sugestões sobre assuntos que lhe são correlatos. (CGU, 2008, citado por Brasil, 2013b, p. 23, grifo do original)

A seguir, apresentamos alguns exemplos de conselhos de políticas públicas, com suas respectivas funções e composições.

Exemplos de conselhos de políticas públicas

Conselho de Alimentação Escolar
- Controla o dinheiro para a merenda. Parte da verba vem do Governo Federal. A outra parte vem da prefeitura.
- Verifica se o que a prefeitura comprou está chegando nas escolas.
- Analisa a qualidade da merenda comprada.
- Olha se os alimentos estão bem guardados e conservados.

Quem faz parte:
- 1 representante da prefeitura.
- 1 representante da câmara municipal.
- 2 representantes dos professores.
- 2 representantes de pais de alunos.
- 1 representante de outro segmento da sociedade, como sindicatos ou associações.

(cada órgão ou entidade indica seu representante).
[...]

Conselho Municipal de Saúde
- Controla o dinheiro da saúde.
- Acompanha as verbas que chegam pelo Sistema Único de Saúde (SUS) e os repasses de programas federais.
- Participa da elaboração das metas para a saúde.
- Controla a execução das ações na saúde.
- Deve se reunir pelo menos uma vez por mês.

Quem faz parte:
- Representantes das pessoas que usam o Sistema Único de Saúde.
- Profissionais da área de saúde (médicos, enfermeiras).
- Representantes de prestadores de serviços de saúde (hospitais particulares).
- Representantes da prefeitura.

[...]

Conselho de Assistência Social
- Acompanha a chegada do dinheiro e a aplicação da verba para os programas de assistência social.
- Os programas são voltados para as crianças (creches), idosos e portadores de deficiências físicas.
- O conselho aprova o plano de assistência social feito pela prefeitura.

Quem faz parte:
- Prefeitura.
- Conselho Estadual de Assistência Social [...].
- Ministério de Desenvolvimento Social.

Fonte: CGU, 2009, p. 8-3, 11.

No Brasil, além do controle exercido pelos conselhos de políticas públicas, há a Controladoria Geral da União (CGU), que também atua na fiscalização e no controle da utilização do dinheiro público. A esse órgão compete verificar se os recursos públicos estão sendo aplicados adequadamente, mas não lhe cabe julgar, punir, afastar ou prender os culpados – isso cabe à Justiça, por meio do Ministério Público (CGU, 2005). Ademais, outras instituições governamentais que realizam esse controle são:

> **Tribunal de Contas da União** (TCU) – julga a boa e regular aplicação dos recursos públicos federais e auxilia o Congresso Nacional no controle externo da administração federal e no julgamento das contas do Presidente da República.

Tribunais de Contas dos Estados (TCE) – existem em todos os estados. Fazem fiscalizações e auditorias, por iniciativa própria ou por proposta do Ministério Público, além de examinar e julgar a regularidade das contas dos gestores públicos estaduais e municipais (nos estados onde não existem Tribunais de Contas de Municípios). Esses gestores podem ser governadores, prefeitos, secretários estaduais e municipais, ordenadores de despesas e dirigentes de autarquias, fundações, empresas públicas ou sociedades de economia mista.

Tribunais de Contas dos Municípios (TCM) – existem apenas em quatro estados (Bahia, Ceará, Goiás e Pará) e em dois municípios específicos (Rio de Janeiro e São Paulo). Analisam e julgam anualmente as contas das prefeituras.

Ministério Público Estadual (MPE) e **Ministério Público da União** (MPU) – os promotores de justiça, integrantes do Ministério Público, defendem os interesses da sociedade, portanto também recebem e investigam denúncias de desvios de dinheiro público e denunciam os envolvidos à Justiça para o julgamento e a punição. A diferença entre os dois é o âmbito de atuação: o MPU atua nos casos que envolvem recursos federais e o MPE, quando os recursos forem estaduais.

Câmaras de Vereadores e Assembleias Legislativas – fiscalizam as prefeituras e os governos estaduais, recebem e apuram denúncias e podem até afastar administradores envolvidos em corrupção (prefeitos, governadores, secretários etc.).

Poder Judiciário (juízes e Tribunais de Justiça) – são eles que dão a última palavra: decidem quem vai ou não para a cadeia, quem perde ou não o mandato etc. Mas eles só podem agir se forem acionados por alguém: pelo promotor de Justiça, por exemplo, ou por qualquer pessoa, mas neste caso precisa ser assistida por um advogado. (CGU, 2005, p. 14-15)

Podemos perceber que as possibilidades do cidadão (que também são seus deveres) para o exercício da cidadania não estão restritos às sociedades civis organizadas, uma vez que é possível, em instituições governamentais, exercer esse dever – ou seja, os cidadãos podem estar em meio a dois tipos de instituições antagonistas. E é nessa realidade contraditória que o assistente social atua, promovendo a cidadania, assumindo um compromisso ético-político com os direitos humanos e pautando-se no *Código de Ética do/a Assistente Social*, de 1993.

4.3 Serviço social e sua inserção na classe trabalhadora

O serviço social é uma profissão inserida na divisão social e técnica do trabalho, que tem a chamada *questão social* como objeto principal de intervenção. Além disso, desde os anos 1980 os assistentes sociais vêm tomando parte nas lutas da classe trabalhadora.

> **Importante!**
>
> ### Código de Ética
> ### Princípios Fundamentais
>
> I. Reconhecimento da liberdade como valor ético central e das demandas políticas a ela inerentes – autonomia, emancipação e plena expansão dos indivíduos sociais;
> II. Defesa intransigente dos direitos humanos e recusa do arbítrio e do autoritarismo;
> III. Ampliação e consolidação da cidadania, considerada tarefa primordial de toda sociedade, com vistas à garantia dos direitos civis sociais e políticos das classes trabalhadoras;
> IV. Defesa do aprofundamento da democracia, enquanto socialização da participação política e da riqueza socialmente produzida;
> V. Posicionamento em favor da equidade e justiça social, que assegure universalidade de acesso aos bens e serviços relativos aos programas e políticas sociais, bem como sua gestão democrática;
> VI. Empenho na eliminação de todas as formas de preconceito, incentivando o respeito à diversidade, à participação de grupos socialmente discriminados e à discussão das diferenças;

VII. Garantia do pluralismo, através do respeito às correntes profissionais democráticas existentes e suas expressões teóricas, e compromisso com o constante aprimoramento intelectual;
VIII. Opção por um projeto profissional vinculado ao processo de construção de uma nova ordem societária, sem dominação exploração de classe, etnia e gênero;
IX. Articulação com os movimentos de outras categorias profissionais que partilhem dos princípios deste Código e com a luta geral dos/as trabalhadores/as;
X. Compromisso com a qualidade dos serviços prestados à população e com o aprimoramento intelectual, na perspectiva da competência profissional;
XI. Exercício do Serviço Social sem ser discriminado/a, nem discriminar, por questões de inserção de classe social, gênero, etnia, religião, nacionalidade, orientação sexual, idade e condição física.

Fonte: Cress-SP, 2018.

De acordo com Iamamoto e Carvalho (2002), os primeiros movimentos aos quais o serviço social se vinculou foram os de base católica, como a Associação das Senhoras Brasileiras (1922) e a Liga das Senhoras Católicas (1923). Apenas posteriormente os assistentes sociais passaram a se identificar com a classe trabalhadora, inserindo-se na Central Única dos Trabalhadores (CUT), por meio da extinta Associação Nacional dos Assistentes Sociais (Anas), contribuindo com o processo de fundação e de consolidação daquela instituição.

Mais tarde, os assistentes sociais passaram a ter contato, direto ou indireto, com várias outras instituições da classe trabalhadora, como os sindicatos.

Vale mencionar, ainda, que, de acordo com Cardoso e Lopes (2009, p. 13), o trabalho profissional do assistente social se desenvolve em duas dimensões: na primeira, é realizado em espaços ocupacionais nas instituições de organização autônoma da classe trabalhadora como empregadora desses profissionais; e na segunda, o trabalho do assistente social se realiza junto a essas instituições e no movimento de organização da classe trabalhadora, a partir de outras instituições da prática profissional com as quais mantém o vínculo como trabalhador assalariado.

Ainda sobre essas duas dimensões citadas por Cardoso e Lopes (2009), vale mencionar que a primeira se refere à inserção do assistente social diretamente nas organizações dos movimentos sociais, como, por exemplo, no Movimento dos Trabalhadores Rurais sem Terra (MST) ou na CUT, principalmente via sindicatos. Por sua vez, a segunda corresponde ao exercício da profissão perante outras instituições com quem o profissional tem vínculo empregatício, podendo aderir à classe trabalhadora de determinado segmento, por exemplo, no sindicato dos servidores públicos estaduais.

Ainda nessa esteira, vale lembrar que, nas décadas de 1970 e de 1980, o trabalho dos assistentes sociais esteve centrado na mobilização social e em sua organização. A partir de 1990, esse trabalho passou a ser focado na busca de legitimação das classes subalternas, com a "cooptação das organizações e lutas da classe trabalhadora por meio da intensificação de programas eminentemente assistencialistas" (Cardoso; Lopes, 2009, p. 10).

Contemporaneamente, o trabalho dos profissionais assistentes sociais em relação aos movimentos sociais centra-se "nas ações concretas com o objetivo de, por um lado, instrumentalizar a população para exigir melhoria na prestação de serviços por parte do Poder Público e, por outro, conjugar este processo com o fortalecimento dos mecanismos coletivos de organização popular" (Raichelis; Rosa, 1982, p. 79).

Para exemplificar, podemos mencionar o que Cardoso e Lopes (2009, p. 473) colocam como o trabalho do assistente social em relação ao MST. Para as autoras, as estratégias políticas utilizadas por essa classe profissional nesse âmbito devem atuar

- no incentivo e apoio político-organizativo às formas coletivas de trabalho, como: mutirões, associações e grupos coletivos, percebidos como mecanismos utilizados pelo MST no fortalecimento da solidariedade intraclasse e na sua luta pela reforma agrária;
- na mobilização social e organização das famílias trabalhadoras para a participação em processos de educação formal e de formação política, para contribuir na construção da consciência de classe, necessária à luta dos trabalhadores e à sua organização autônoma em relação aos partidos políticos e instituições que representam o Estado, com as quais o MST mantém relações;
- na produção e socialização de conhecimentos, a fim de contribuir na constituição de sujeitos coletivos capazes de criar mecanismos de resistência e luta e de participarem da construção da hegemonia da classe trabalhadora.

No que se refere à dimensão política e à execução das competências profissionais, podemos destacar uma pesquisa feita pelo Conselho Federal de Serviço Social (Cfess, 2005), na qual foi apontado que, à época do estudo, a maioria dos profissionais da área de serviço social (mais especificamente 78,16%) atuava como funcionário público, ou seja, na formulação, no planejamento e na execução de políticas sociais, com destaque para as áreas de saúde, assistência social, educação e habitação. A mesma pesquisa apontou também que apenas cerca de 6,81% dos atuantes nessa categoria profissional atuavam no terceiro setor.

Contemporaneamente, sobretudo depois do governo de Luiz Inácio Lula da Silva, podemos perceber uma institucionalização dos movimentos sociais, com a criação dos conselhos de direitos, de forma que aos profissionais de serviço social inseridos nesse âmbito coube transitar do papel de militantes para o de gestores, principalmente em virtude da atual representação não governamental (como já mencionamos no Capítulo 2) que, de certa maneira, tem em seu fundamento uma identidade vinculada à defesa de interesses governamentais, uma vez que recebe recursos estatais.

4.4 Direitos humanos: possibilidades para o projeto ético-político dos assistentes sociais

Como já mencionamos, a expressão *direitos humanos* vem de um processo político e filosófico que nasceu com a finalidade de denunciar as condições de vida das pessoas, e foi posteriormente legitimado na Declaração dos Direitos do Homem e do Cidadão, na França, em 1789.

Depois da Segunda Guerra Mundial, a Organização das Nações Unidas (ONU) passou a se empenhar em restabelecer direitos de proteção à vida das pessoas e, em junho de 1945, formulou a chamada *Carta das Nações Unidas*. Mais tarde, nasceu a Declaração Universal dos Direitos Humanos (DUDH), que foi elaborada por membros de diversas nacionalidades e culturas do mundo e reconhecida pela Assembleia Geral das Nações Unidas, em Paris, em 10 de dezembro de 1948, por meio da Resolução n. 217 A (III), que reconhece a necessidade de proteção universal dos direitos humanos (Matos, 2006).

Já vimos nesta obra que, no Brasil, a luta pelos direitos humanos passou a ser defendida mais especificamente como resposta à violência praticada durante a ditadura militar, na década de 1960, e no processo de redemocratização, em 1980. Foi também nesse período que o serviço social se aproximou da luta dos movimentos sociais, atuando na organização e em sua mobilização pelos direitos sociais e humanos e contribuindo em sua consolidação (Matos, 2006).

Perguntas & respostas

Quais foram as principais bandeiras dos movimentos sociais dos anos 1980 até os anos 1990?

De acordo com Abramides (2009), podemos citar como principais bandeiras desse período: reforma sanitária; implantação do Sistema Único de Saúde (SUS); políticas habitacionais e ambientais; direito à moradia, cidadania e justiça; transporte; luta pelas creches como direito da infância, das mulheres e dos homens trabalhadores; políticas sociais voltadas às minorias (mulheres, crianças, adolescentes, população em situação de rua, negros, indígenas e pessoas idosas).

Já a partir dos anos 1990, as formas de organização popular passaram a ser mais institucionalizadas, por meio, por exemplo, de fóruns nacionais de luta pela moradia, fóruns de reforma urbana e do Fórum Nacional de Participação Popular. Foi então que as agendas de políticas públicas passaram a ser respaldadas por um diagnóstico mais realista da sociedade.

Gohn (2010b, p. 13-14) descreve que os movimentos sociais atuam sob 13 eixos temáticos:

1. Movimentos sociais em torno da questão urbana, pela inclusão social e por condições de habitabilidade na cidade. Exemplos:

   a) Movimentos pela moradia, expresso em duas frentes de luta: articulação de redes sociopolíticas compostas por intelectuais de centro-esquerda e movimentos populares que militam ao redor do tema urbano (o hábitat, a cidade propriamente dita). Eles participaram do processo de construção e obtenção do Estatuto da Cidade; redes de movimentos sociais populares dos Sem-Teto (moradores de ruas e participantes de ocupações de prédios abandonados), apoiados por pastorais da Igreja Católica e outras;

   b) movimentos e ações de grupos de camadas médias contra a violência urbana e demandas pela paz (no trânsito, nas ruas, escolas, ações contra as pessoas e seu patrimônio etc.);

c) mobilizações e movimentos de recuperação de estruturas ambientais, físico-espaciais (como praças, parques), assim como de equipamentos e serviços coletivos (área da saúde, educação, lazer, esportes e outros serviços públicos degradados nos últimos anos pelas políticas neoliberais); ou ainda mobilizações de segmentos atingidos pelos projetos de modernização ou expansão de serviços.

2. Mobilização e organização popular em torno de estruturas institucionais de participação na gestão política-administrativa da cidade:

a) Orçamento Participativo e Conselhos Gestores (saúde, educação, assistência social, criança e adolescente, idoso);

b) conselhos da Condição Feminina, Populações Afrodescendentes etc.

3. Movimentos em torno da questão da saúde, como:

a) Sistema Único de Saúde (SUS);

b) conferências nacionais, estaduais e municipais da saúde;

c) agentes comunitários de saúde;

d) [pessoas com] necessidades especiais; e [pessoas com] doenças específicas: insuficiência renal, lúpus, Parkinson, mal de Alzheimer, câncer, doenças do coração etc.

4. Movimentos de demandas na área do direito:

a) humanos: situação nos presídios, presos políticos, situações de guerra etc.;

b) culturais: preservação e defesa das culturas locais, patrimônio e cultura das etnias dos povos.

5. Mobilizações e movimentos sindicais contra o desemprego.

6. Movimentos decorrentes de questões religiosas de diferentes crenças, seitas e tradições religiosas.

7. Mobilizações e movimentos dos sem-terra, na área rural e suas redes de articulação com as cidades por meio da participação de desempregados e moradores de ruas, nos acampamentos do MST, movimentos dos pequenos produtores agrários, Quebradeiras de Coco do Nordeste etc.

8. Movimentos contra as políticas neoliberais:

a) Mobilizações contra as reformas estatais que retiram direitos dos trabalhadores do setor privado e público;

b) atos contrarreformas das políticas sociais;

c) denúncias sobre as reformas que privatizam órgãos e aparelhos estatais.

9. Grandes fóruns de mobilização da sociedade civil organizada: contra a globalização econômica ou alternativa à globalização neoliberal (contra ALCA, por exemplo); o Fórum Social Mundial (FSM), iniciativa brasileira, com dez edições ocorridas no Brasil e no exterior; o Fórum Social Brasileiro, inúmeros fóruns sociais regionais e locais; fóruns da educação (Mundial, de São Paulo); fóruns culturais (jovens, artesões, artistas populares etc.).

10. Movimento das cooperativas populares: material reciclável, produção doméstica alternativa de alimentos, produção de bens e objetos de consumo, produtos agropecuários etc. Trata-se de uma grande diversidade de empreendimentos, heterogêneos, unidos ao redor de estratégias de sobrevivência (trabalho e geração de renda), articulados por ONGs que têm propostas fundadas na economia solidária, popular e organizados em redes solidárias, autogestionárias. Muitas dessas ONGs têm matrizes humanistas, propõem a construção de mudanças socioculturais de ordem ética, a partir de uma economia alternativa que se contrapõe à economia de mercado capitalista.

11. Mobilizações do Movimento Nacional de Atingidos pelas Barragens, hidrelétricas, implantação de áreas de fronteiras de exploração mineral ou vegetal etc.

12. Movimentos sociais no setor das comunicações, a exemplo do Fórum Nacional pela Democratização da Comunicação (FNDC).

13. Movimentos na área da educação não formal e formal.

A partir do processo de inserção do assistente social nessas demandas, podemos dizer que houve uma espécie de renovação da profissão, que culminou no posicionamento ético-político da categoria profissional com a Lei n. 8.662, de 7 de junho de 1993, que, entre outros fatores, reitera a defesa dos direitos humanos como primordial (Brasil, 1993).

Obviamente, a atuação do assistente social no que se refere à luta pela efetivação de direitos das pessoas não é tranquila porque, de um lado, as instituições dizem que esse profissional defende o Estado, de outro frequentemente ele precisa se posicionar na contramão das instituições e/ou do Estado. Além disso, já no contexto neoliberal, foi preciso criar mecanismos de seleção da população para acessar os direitos, o que, consequentemente, gerou a exclusão de parcela da população, bem como políticas públicas paliativas e pontuais.

Esclarecendo...

Direitos Humanos: Brasil é um país contraditório, diz Anistia Internacional

Relatório aponta avanços como a Comissão da Verdade e a distribuição de renda e retrocessos no sistema carcerário e na situação de populações ameaçadas por obras oficiais

"Os Direitos Humanos no Brasil são uma questão marcada por contradições. Neste tema, todo passo à frente dado pelo País é seguido por um passo atrás". Essa é a definição do assessor de Direitos Humanos da Anistia Internacional no Brasil, Maurício Santoro. Em entrevista a concedida a *Carta Capital* nesta quarta-feira 22, ele comentou as informações presentes no relatório anual sobre as violações de Direitos Humanos registradas ao longo de 2012.

"O Brasil é um país com ótimas leis, mas que não são cumpridas", diz Santoro. "Existe um *déficit* de Justiça muito grande".

No capítulo reservado para o Brasil, o documento cita o número crescente de homicídios cometidos por policiais – qualificados como "autos de resistência" – e as péssimas condições do sistema carcerário, passando pela violação dos direitos à terra e pela impunidade dos agentes da ditadura.

Para Santoro, no mesmo ano em que o País criou a Comissão da Verdade para revelar os crimes cometidos na ditadura, as autoridades policiais seguiram empregando força excessiva e torturas no sistema carcerário. "Há uma grande dificuldade em se controlar os abusos contra os direitos humanos cometidos pelos policias no Brasil." Segundo a instituição, o sistema carcerário, em vez de recuperar os infratores, é caracterizado por proporcionar condições cruéis, desumanas e degradantes aos detentos.

O relatório destaca que, hoje, o Brasil tem um déficit de mais de 200 mil vagas no sistema carcerário e que o número de presos não para de aumentar. A combinação destes dois elementos gera uma superlotação do sistema que implica em condições degradantes para os presos. No estado do Amazonas, por exemplo, uma visita da Anistia Internacional constatou que os detentos eram mantidos em celas fétidas, superlotadas e inseguras. Mulheres e menores eram detidos nas mesmas unidades que os homens. Houve vários relatos de tortura, tais como sufocamento com sacola plástica, espancamentos e choques elétricos. A maioria das denúncias envolvia policiais militares do estado.

Ainda de acordo com a Anistia Internacional, a ausência de poder punitivo da Comissão da Verdade – instituída para investigar as violações aos Direitos Humanos durante a ditadura – vai na contramão das decisões de outros países da região como Argentina e Uruguai. "A Lei da Anistia brasileira já foi considera sem valor legal por diversos organismos internacionais. A sensação de impunidade em relação aos crimes autoridades é perceptível e espalhada pelos diversos setores sociais", argumenta Santoro.

Desenvolvimento econômico e direitos sociais

Outra contradição apontada pelo relatório refere-se à melhoria da condição de vida dos brasileiros, amparada pelo crescimento econômico e pela distribuição de renda, e a perda de direitos fundamentais de populações carentes.

Ao mesmo tempo em que a situação socioeconômica melhorou, com mais pessoas saindo da pobreza extrema, as moradias e as fontes de subsistência dos povos indígenas, dos trabalhadores rurais sem terras, das comunidades de pescadores e dos moradores de favelas em áreas urbanas continuaram sendo ameaçadas por projetos de desenvolvimento, destaca o documento. Figuram nesta lista de violações as remoções forçadas em áreas rurais e urbanas para as obras da Copa do Mundo e para os grandes projetos de desenvolvimento, como as hidrelétricas de Belo Monte e de Jirau e a expansão do agronegócio. A remoção de comunidades carentes no Rio de Janeiro – no Morro da Providência – e no estado de São

> Paulo – na comunidade do Pinheiro e os incêndios nas favelas da capital paulista – são citadas no relatório. Outros exemplos dessa disputa são a PEC 215 e Portaria 303, publicada pela Advocacia Geral da União e, posteriormente, suspensa pelo Supremo Tribunal Federal. As medidas previam uma redução dos direitos indígenas. "O ano passado foi marcado por interesses refratários em relação aos direitos indígenas no Congresso e no Executivo", afirma Santoro.
>
> A Portaria 303 permitiria que mineradoras, empreendimentos hidrelétricos e instalações militares se estabelecessem em terras indígenas sem o consentimento livre, prévio e informado das comunidades afetadas. Já a PEC 215 transferia para o Congresso Nacional o direito à demarcação de terras indígenas. "Nota-se um interesse em atropelar os direitos indígenas para se garantir obras de desenvolvimento tidas como necessárias para a soberania nacional", completa o assessor da Anistia Internacional.
>
> O relatório também recorda os conflitos entre os índios e o agronegócio no Mato Grosso do Sul, estado responsável por dois terços dos homicídios de índios no Brasil. O processo de demarcação de terras indígenas no estado está mais de vinte anos atrasado.

Carta Capital

Fonte: Pellegrini, 2013, grifo do original.

No Brasil, foi somente em 1995, após a recomendação da Conferência Mundial dos Direitos Humanos, realizada em Viena, em 1993, que se iniciou a elaboração do Programa Nacional de Direitos Humanos (PNDH), concluído em 1996. No governo de Fernando Henrique Cardoso (FHC), foi criada a Secretaria de Direitos Humanos (atrelada ao Ministério da Justiça), mas ela não tinha nem orçamento nem estrutura, ou seja, era apenas um documento criado para atender ao PNDH.

No governo de Lula, as políticas e os programas foram reformulados e ampliados, e foi criado o Plano Nacional de Educação e Direitos Humanos, bem como uma nova versão do PNDH (Brasil, 2010c).

Hoje, no Brasil, temos muitas leis direcionadas a essa questão (veja, ao final deste capítulo, a seção "Para saber mais"). Apesar disso, o Brasil tem muito a avançar nessa questão, principalmente porque a violência urbana é fator preponderante de violação de direitos.

> Pela primeira vez na história, o Brasil atingiu a taxa de 30 assassinatos para cada 100 mil habitantes, em 2016, segundo o Atlas da Violência 2018, com base em dados do Ministério da Saúde. Com 62.517 homicídios, a taxa chegou a 30,3, que corresponde a 30 vezes a da Europa. Antes de 2016, a maior taxa havia sido registrada em 2014, com 29,8 por 100 mil habitantes.
>
> Segundo o estudo, elaborado pelo Ipea e pelo Fórum Brasileiro de Segurança Pública, nos últimos dez anos, 553 mil pessoas perderam a vida vítimas de violência no Brasil. Em 2016, 71,1% dos homicídios foram praticados com armas de fogo.
>
> "O Brasil está entre as nações com as maiores taxas de homicídio do mundo. Se você olhar os dados mais recentes, vai ver que as tendências mundiais não mudam muito. A gente compete em geral, na América do Sul, com a Colômbia, mas que vêm de um círculo virtuoso porque tem experiências bem-sucedidas de redução de homicídios, como o que vem acontecendo em Bogotá. E a gente só perde para Honduras e El Salvador, que são países com taxas de homicídios maiores", diz Samira Bueno, diretora executiva do Fórum Brasileiro de Segurança Pública.
>
> A Organização Mundial da Saúde possui dados confiáveis apenas de parte dos países do mundo. A maioria dos países africanos, por exemplo, fica de fora dessa lista de dados de alta qualidade, o que dificulta comparações mais amplas. Ainda assim, com os números disponíveis, é possível ver que as taxas de mortes violentas são muito mais altas nas Américas do que no restante do mundo. A Europa e a Oceania têm os números mais baixos, sem alterações entre 2000 e 2013. (Acayaba; Polato, 2018)

Carta Capital

Além da questão da violência, há as más condições de habitação, rendimento, educação, trabalho e desigualdade de gênero – fatores que mostram que o Brasil ainda não está completamente atento às necessidades humanas.

De acordo com Silva e Alcântara (2009), dados da Pesquisa Nacional por Amostra de Domicílios (PNAD) de 2007 apresentaram que, embora as crianças de 7 a 14 anos tenham acesso ao ensino fundamental, isso não significa que a educação prestada seja de qualidade, uma vez que, na época da coleta de dados, cerca de 1,3 milhão de crianças de 8 a 14 anos de idade não sabiam ler nem escrever.

Segundo os mesmos autores, nessa pesquisa foi detectado que, ainda que as mulheres frequentem a escola mais do que os homens e tenham mais títulos e qualificações do que eles, no mercado de trabalho elas recebem cerca de 66,1% da remuneração média masculina. Isso significa que o país tem também uma desigualdade de gênero muito marcada.

Mais recentemente, outra questão – ainda relacionada a gênero – que vem sendo muito abordada são as crescentes taxas de feminicídio.

É em meio a esse cenário que o serviço social faz sua opção de projeto político, de sociedade e de profissão, com a finalidade de romper com as desigualdades sociais e de firmar um compromisso com um projeto societário que também preconize os vieses de luta pela garantia e pela ampliação dos direitos humanos.

Com o amadurecimento teórico, ético e político do serviço social, a partir dos anos 1990, sob fundamentos marxistas, foi delineado também um novo perfil desse profissional. A nova perspectiva ética que "busca romper com a ética da neutralidade e com o tradicionalismo filosófico ganha a denominação de projeto ético-político" (Silva, 2004, p. 199).

A razão de ser do assistente social se fundamenta no projeto ético-político, que, por sua vez, é guiado pelos princípios profissionais, que não são facultativos ao trabalho da categoria, mas sim obrigatórios, assim como são pertinentes a outros profissionais que se identifiquem com a visão de mundo, de ser humano e de sociedade impressas nesses princípios.

Contemporaneamente, aos assistentes sociais,

> O desafio é realizar a análise da realidade sem conformismos, mas, ao contrário, com indignação e rebeldia, mas também com o máximo de criticidade. Só o diagnóstico, contudo, não basta! É preciso ser propositivo, sem abrir mão da vontade otimista de transformar

o mundo e construir uma nova ordem, fundada na emancipação humana. (Silva, 2004, p. 200-201)

Por mais que haja um esforço no sentido de viabilizar, no cotidiano profissional, a garantia de direitos, sobretudo os direitos humanos, mediante a atuação nos mais diversos espaços, algumas situações inerentes ao trabalho contradizem tal posicionamento. E esse antagonismo, Silva (2004, p. 203) menciona ser atravessado por

> desigualdades étnico-raciais, de gênero e por xenofobias, bem como por manifestações de violações, tais como maus-tratos, torturas, execuções sumárias, chacinas, inclusive em que o agente é o próprio Estado, que tem o monopólio do uso da força, através de seu braço armado. Refiro-me, aqui, a uma sociedade que produz subjetividades inscritas na perversão, que produz assassinos domésticos, cafetões, pedófilos, corruptos, bandidos, exploradores do trabalho escravo, torturadores dos atuais "presos políticos" e dos chamados presos comuns, que são os negros e os pobres.

O desafio do serviço social consiste em implementar o projeto ético-político, pauta de constante discussão nos eventos científicos e nos debates da categoria, como o Encontro Nacional de Pesquisadores em Serviço Social – Enpess, o Congresso Brasileiro de Assistentes Sociais e encontros estaduais de assistentes sociais.

4.4.1 Práticas terapêuticas e serviço social clínico: expressão da contramão do projeto ético-político profissional

Há sempre discussões críticas acerca do serviço social porque, sendo uma categoria composta por seres humanos, certamente existem opiniões antagônicas sobre todos os assuntos. Não há como esperar hegemonia de posicionamentos políticos, uma vez que algumas ideias se opõem. Por exemplo, uma questão sempre discutida é relativa a práticas terapêuticas e serviço social clínico, sobre os quais podemos pontuar rapidamente que o objetivo é a reintegração social, expressa por ações com "indivíduos, grupos, famílias em situações de crise, de sofrimento psicossocial, de risco pessoal e/ou social, pessoas com transtornos mentais, dependentes químicos, idosos, indivíduos em situação de desânimo, medo, desespero, angústia, estresse devido a transições da vida, depressão" (Cfess, 2008, p. 9-10).

Ou seja, existe confusão metodológica ao apontar essas práticas como objeto do trabalho do serviço social. Na verdade, as intervenções profissionais visam a atender ao público usuário da ação, e o objeto da profissão são as expressões multifacetadas da "questão social". Ressaltando que os beneficiários da atuação do serviço social são, de algum modo, assolados pelo objeto profissional dessa área.

Além disso, ao escolher trabalhar com esses segmentos de atividade e de intervenção profissional, o assistente social deve tomar sempre o cuidado de ter uma perspectiva diferente da área da psicologia, pois sua intervenção precisa focar na "viabilização dos direitos e dos meios de exercê-los" (Iamamoto; Carvalho, 2004, p. 39). Ou seja, é preciso exercer a profissão de acordo com uma leitura crítica da realidade que reconheça tais situações como decorrentes das relações sociais antagônicas entre classes do modelo societário vigente, e não sob uma dimensão psicologizante e terapêutica.

Vale mencionar que é também pelo viés questionador e não homogêneo da área que tanto o Conselho Federal de Serviço Social quanto os Conselhos Regionais de Serviço Social procuram articular seus debates para mobilizar os assistentes sociais a se manterem fortalecidos e atualizados.

Como espaços de diálogos descentralizados, podemos citar o os Núcleos de Serviço Social, que têm a intenção de promover a interiorização e a democratização da gestão pública.

É preciso considerar, ainda, que o profissional assistente social faz parte de um movimento social e, assim, está inserido na busca pela garantia e pela ampliação constante dos mais diversos direitos, e isso deve movê-lo na busca da implementação da práxis profissional incessantemente.

Síntese

Iniciamos o capítulo apontando que os movimentos sociais se apresentam na defesa de direitos políticos, sociais, de expressão e de direitos de organização, sobretudo para segmentos da população que se encontram em situação de fragilidade e vulnerabilidade. Nesse sentido, para garantir a todos os mesmos direitos básicos, é que surgiu o conceito de direitos humanos.

Mais adiante, vimos que, em 1789, na Revolução Francesa, foi promulgada a Declaração dos Direitos do Homem e do Cidadão, sob os fundamentos do Iluminismo, documento que foi usado como inspiração para a criação da Declaração Universal dos Direitos Humanos. Os ideais de direitos surgem como contraponto ao individualismo afirmado na sociedade capitalista e às classes sociais.

Também observamos que a visão de mundo denominada *possibilismo* coloca a atual realidade como imutável, afirmando que mudanças ocorrem apenas dentro do que é possível (o que reafirma a sociedade de classes). Isso coaduna com uma das características do capitalismo, que é o controle exercido pelo Estado sobre a sociedade, de modo a controlar as classes subalternas e suas organizações. Já o controle social democrático é resultante das mobilizações sociais.

Para isso, os principais espaços de participação social e de diálogo existentes na Administração Pública federal são os conselhos de política pública, as conferências de políticas públicas, a ouvidoria pública, as audiências públicas, as consultas públicas, os grupos de trabalho, as reuniões, as mesas de negociação ou mesas de diálogo e o Plano Plurianual (PPA).

Além disso, com relação ao serviço social, pudemos perceber que se trata de uma categoria inserida na divisão social e técnica do trabalho, que tem como objeto principal de intervenção a chamada *questão social*. Nesse contexto, traçamos um breve histórico da profissão de assistente social no Brasil desde os anos 1970 até a contemporaneidade, quando os profissionais de serviço social, inseridos no âmbito da institucionalização dos movimentos sociais, transitaram do papel de militantes para o de gestores

Com relação a essa mudança de perfil, tratamos dos princípios contidos no Código de Ética do assistente social, documento definido pela Lei 8.622/1993, que reitera a defesa dos direitos humanos como fator primordial da profissão. Dessa forma, o desafio do serviço social consiste em implementar o projeto ético-político, pauta de constante discussão presente nos eventos científicos e debates da categoria.

Para saber mais

Legislação

TOCANTINS. Ministério Público. **Leis que garantem direitos humanos no Brasil.** Disponível em: <http://mpto.mp.br/intranet/caopdh/Outros/Leis%20que%20garantem%20os%20Direitos%20Humanos%20no%20Brasil.pdf>. Acesso em: 30 jan. 2019.

Para conhecer as leis atuais que regem os direitos humanos no Brasil, sugerimos a leitura desse documento, que traz uma relação da legislação pertinente ao tema.

UNESCO – Organização das Nações Unidas para a Educação, a Ciência e a Cultura. **Declaração Universal dos Direitos Humanos.** Brasília, 1998. Disponível em: <http://unesdoc.unesco.org/images/0013/001394/139423por.pdf>. Acesso em: 30 jan. 2019.

A leitura completa da Declaração Universal dos Direitos Humanos, além de proporcionar um aprofundamento nesse tema, é imprescindível para aqueles que se preocupam com o bem-estar de todos.

Filmes

ILHA das flores. Direção: Jorge Furtado. Brasil: Casa de Cinema de Porto Alegre, 1989. 13min.

Nesse curta-metragem, cujo título faz referência a um aterro sanitário de Porto Alegre, o diretor Jorge Furtado usa um tom humorístico para mostrar como a economia fomenta as relações humanas de maneira desigual.

WALL Street: poder e cobiça. Direção: Oliver Stone. EUA: 20th Century Fox, 1987. 122 min.

Com o nome da famosa rua de Manhattan que é reduto financeiro de Nova York, o filme do diretor Oliver Stone questiona os princípios humanos e como eles são facilmente corrompidos pelo dinheiro. Trata-se de uma crítica ao capitalismo e de uma reflexão acerca das injustiças sociais e do monopólio da riqueza.

Questões para revisão

1. Sobre direitos humanos, analise as afirmativas a seguir e marque V para as verdadeiras e F para as falsas.
    ( ) Podemos dizer que os direitos humanos englobam também os direitos civis e políticos (educação, saúde, habitação e trabalho).
    ( ) Os ideias de direitos surgem como contraponto ao individualismo afirmado na sociedade capitalista e às classes sociais. O preceito liberal de igualdade que está impresso na Declaração Universal dos Direitos Humanos reafirma a luta por isonomia e, nesse sentido, pressupõe a continuidade da busca pela neutralização da desigualdade promovida por esse modo de produção.
    ( ) No Brasil, a luta pelos direitos humanos passou a ser defendida mais especificamente como resposta à violência durante a ditadura militar, na década de 1960.

( ) Dizemos que os direitos humanos são *universais* no sentido de que toda sociedade capitalista, de qualquer país do mundo, deve considerar essa questão com o mesmo nível de exigência. Esses ideais, então, não necessariamente se enquadram em sociedades que não sejam capitalistas.

( ) A defesa intransigente dos direitos humanos é um dos princípios fundamentais do Código de Ética dos assistentes sociais.

( ) O preceito liberal de igualdade que está impresso na Declaração Universal dos Direitos Humanos reafirma a luta por igualdade, mas sem necessariamente entrar no âmbito da neutralização da desigualdade.

Agora, assinale a alternativa que corresponde à sequência correta:

a) F, V, V, V, V, V.
b) V, V, V, V, V, V.
c) V, V, F, V, V, F.
d) V, V, V, F, V, F.

2. Sobre controle social, assinale a alternativa correta:

a) O controle social característico do capitalismo é resultante das mobilizações sociais, entendidas como possibilidades de a sociedade civil organizada participar da formulação e da fiscalização das políticas sociais.

b) O controle social democrático é exercido pelo Estado sobre a sociedade, de modo a controlar as classes subalternas e suas organizações.

c) Tanto a participação quanto o controle social são direitos de todos garantidos na Constituição Federal.

d) No Brasil, desde 1996, compete exclusivamente à Federação criar conselhos e administrar os recursos destinados às áreas sociais. Os conselhos e as conferências têm a função de ampliar a democracia representativa tornando-a participativa, intensificando discussões e deliberações acerca das políticas públicas e possibilitando à população o acesso a seus direitos.

3. Sobre a relação entre serviço social e a classe trabalhadora, assinale a alternativa **incorreta**:
   a) O serviço social é uma categoria inserida no capitalismo, e tem a chamada *questão capitalista* como objeto principal de intervenção. Os primeiros movimentos aos quais o serviço social se vinculou foram os de base católica, como a Associação das Senhoras Brasileiras (1922) e a Liga das Senhoras Católicas (1923).
   b) A partir de 1990, o trabalho dos assistentes sociais passou a ser focado na busca de legitimação das classes subalternas, cooptando as organizações e as lutas da classe trabalhadora e intensificando os programas assistencialistas.
   c) Frequentemente, o serviço social atua no incentivo e no apoio político-organizativo de grupos coletivos em prol da reforma agrária e pelo fim de desigualdades sociais.
   d) A maioria dos assistentes sociais atua em cargos públicos.

4. Explique, com as suas palavras, a diferença entre *controle social* e *participação social*.

5. Qual a função dos conselhos e das conferências no que se refere à administração de recursos destinados às áreas sociais?

Questões para reflexão

1. No Brasil contemporâneo, podemos considerar que, em alguma instância, o Estado viola os direitos humanos? De que maneira? E de que forma isso interfere no trabalho do assistente social?

2. De que maneira o assistente social pode agir para contribuir com as expressões da questão social tornadas públicas pelos movimentos sociais?

Estudo de caso

Articular mentes, criar significado, contestar o poder

Ninguém esperava. Num mundo turvado por aflição econômica, cinismo político, vazio cultural e desesperança pessoal, aquilo apenas aconteceu. Subitamente, ditaduras podiam ser derrubadas pelas mãos desarmadas do povo, mesmo que essas mãos estivessem ensanguentadas pelo sacrifício dos que tombaram. Os mágicos das finanças passaram de objetos de inveja pública a alvos do desprezo universal. Políticos viram-se expostos como corruptos e mentirosos. Governos foram denunciados. A mídia se tornou suspeita. A confiança desvaneceu-se. E a confiança é o que aglutina a sociedade, o mercado e as instituições. Sem confiança nada funciona. Sem confiança o contrato social se dissolve, e as pessoas desaparecem, ao se transformarem em indivíduos defensivos lutando pela sobrevivência. Entretanto, nas bordas de um mundo que havia chegado ao limite de sua capacidade de propiciar aos seres humanos a faculdade de viver juntos e compartilhar sua vida com a natureza, mais uma vez os indivíduos realmente se uniram para encontrar novas formas de sermos nós, o povo. De início, eram uns poucos, aos quais se juntaram centenas, depois formaram-se redes de milhares, depois ganharam o apoio de milhões, com suas vozes e sua busca interna de esperança, confusas como eram, ultrapassando as ideologias e a publicidade para se conectar com as preocupações reais de pessoas reais na experiência humana real que fora reivindicada. Começou nas redes sociais da internet, já que estas são espaços de autonomia, muito além do controle de governos e empresas, que, ao longo da história, haviam monopolizado os canais de comunicação como alicerces de seu poder. Compartilhando dores e esperanças no livre espaço público da internet, conectando-se entre si e concebendo projetos a partir de múltiplas fontes do ser, indivíduos formaram redes, a despeito de suas opiniões pessoais ou filiações organizacionais. Uniram-se. E sua união os ajudou a superar o medo, essa emoção paralisante em que os poderes constituídos se sustentam para prosperar e se reproduzir, por intimidação ou desestímulo – e quando necessário pela violência pura e simples, seja ela disfarçada ou institucionalmente aplicada. Da segurança do ciberespaço, pessoas de todas as idades e condições passaram a ocupar o espaço público, num encontro às cegas entre si e com o destino que desejavam forjar, ao reivindicar seu direito de fazer história – sua história –, numa manifestação da autoconsciência que sempre caracterizou os grandes movimentos sociais.

[...] Não foram apenas a pobreza, a crise econômica ou a falta de democracia que causaram essa rebelião multifacetada. Evidentemente, todas essas dolorosas manifestações de uma sociedade injusta e de uma comunidade política não democrática estavam presentes nos protestos. Mas foi basicamente a humilhação provocada pelo cinismo e pela arrogância das pessoas no poder, seja ele financeiro, político ou cultural, que uniram aqueles que transformaram medo em indignação, e indignação em esperança de uma humanidade melhor. Uma humanidade que tinha de ser reconstruída a partir do zero, escapando das múltiplas armadilhas ideológicas e institucionais que tinham levado inúmeras vezes a becos sem saída, forjando um novo caminho, à medida que o percorria. Era a busca de dignidade em meio ao sofrimento da humilhação – temas recorrentes na maioria dos movimentos.

Movimentos sociais conectados em rede espalharam-se primeiro no mundo árabe e foram confrontados com violência assassina pelas ditaduras locais. Vivenciaram destinos diversos, incluindo vitórias, concessões, massacres repetidos e guerras civis. Outros movimentos ergueram-se contra o gerenciamento equivocado da crise econômica na Europa e nos Estados Unidos, por governos que se colocavam ao lado das elites financeiras responsáveis pela crise à custa de seus cidadãos: Espanha, Grécia, Portugal, Itália (onde mobilizações de mulheres contribuíram para pôr fim à bufa *commedia dell'arte* de Berlusconi), Grã-Bretanha (onde a ocupação de praças e a defesa do setor público por sindicatos e estudantes se deram as mãos) e, com menos intensidade, mas simbolismo semelhante, na maioria dos outros países europeus. Em Israel, um movimento espontâneo com múltiplas demandas tornou-se a maior mobilização de base da história do país, obtendo a satisfação de muitas de suas reivindicações. Nos Estados Unidos, o movimento Occupy Wall Street, tão espontâneo quanto os outros e igualmente conectado em redes no ciberespaço e no espaço urbano, tornou-se o evento do ano e afetou a maior parte do país, a ponto de a revista Time atribuir ao "Manifestante"[1] o título de personalidade do ano. E o lema dos 99%, cujo bem-estar fora sacrificado em benefício do 1% que controla 23% das riquezas do país, tornou-se

---

1 De maneira geral, a todos os manifestantes.

tema regular na vida política americana. Em 5 de outubro de 2011, uma rede global de movimentos Occupy, sob a bandeira "Unidos pela Mudança Global", mobilizou centenas de milhares de pessoas em 951 cidades de 82 países, reivindicando justiça social e democracia verdadeira. Em todos os casos, os movimentos ignoraram partidos políticos, desconfiaram da mídia, não reconheceram nenhuma liderança e rejeitaram toda organização formal, sustentando-se na internet e em assembleias locais para o debate coletivo e a tomada de decisões.

Fonte: Castells, 2013, p. 9-13.

Na análise de Castells (2013), podemos perceber claramente como o meio digital impulsionou as manifestações populares ao redor do mundo, gerando uma onda de protestos que pôs em xeque a credibilidade de governos e da mídia, em reivindicações que levantaram pautas não apenas contra governos autoritários, mas também sobre economia, democracia, melhores condições de vida, trabalho e liberdade.

Para concluir...

Ao encerrar esta obra, devemos não apenas ressaltar a importância dos movimentos sociais nas discussões acerca da sociedade contemporânea, mas também reafirmar a necessidade do debate sobre esses movimentos no âmbito do serviço social, sobretudo no processo de formação dos profissionais dessa área.

Cada vez mais os assistentes sociais precisam analisar os reflexos provocados pelos acontecimentos sociais da atualidade, principalmente os que se referem a questões da relação entre o Estado e o povo. É nesse cenário que os movimentos sociais nascem e se desenvolvem, e é também nesse contexto que os profissionais da área da assistência social precisam atuar, seja organizando os movimentos sociais, seja atuando nas políticas sociais (que são mecanismos de respostas às reclamações da população por direitos), seja atuando no processo socioeducativo de demandas apresentadas pelos segmentos da sociedade civil.

É por isso que entender os movimentos sociais e suas expressões é primordial para que o trabalho do assistente social seja exercido com eficácia, com o objetivo de atuar na ampliação e na garantia dos direitos humanos, de maneira geral.

Nossa intenção é que as reflexões que apresentamos possam não apenas ampliar os conhecimentos acerca dos movimentos sociais e de sua relação com o serviço social no debate contemporâneo, mas também instigar novas pesquisas sobre esse tema tão vasto.

Por fim, é necessário refletir sobre o fato de que, certamente, o assistente social tem de "remar contra a maré" no exercício de sua profissão e, por vezes, até mesmo recuar; mas, ao escolher essa área, ele deve encontrar forças e se articular para que os objetivos da profissão sejam viabilizados junto à classe trabalhadora. Vale mencionar que se deve reconhecer a identidade de classe trabalhadora desse profissional, uma vez que ele vivencia condições desiguais e antagônicas e, inclusive, faz parte delas.

Referências

ABGLT – Associação Brasileira de Lésbicas, Gays, Bissexuais, Travestis, Transexuais e Intersexos. Disponível em: <https://www.abglt.org/>. Acesso em: 28 jan. 2019.

ACAYABA, C.; POLATO, A. Brasil chega à taxa de 30 assassinatos por 100 mil habitantes em 2016, 30 vezes a da Europa, diz Atlas da Violência. **G1**, São Paulo, 5 jun. 2018. Disponível em: <https://g1.globo.com/sp/sao-paulo/noticia/brasil-chega-a-taxa-de-30-assassinatos-por-100-mil-habitantes-em-2016-30-vezes-a-da-europa-diz-atlas-da-violencia.ghtml>. Acesso em: 31 jan. 2019.

ABRAMIDES, M. B. C. A organização político-sindical dos assistentes sociais: trajetória de lutas e desafios contemporâneos. **Serviço Social & Sociedade**, São Paulo, n. 97, p. 85-108, out./dez. 2009.

AGAMBEN, G. **O que é o contemporâneo? e outros ensaios**. Tradução de Vinícius Nicastro Honesko. Chapecó: Argos, 2009.

ALENCAR, M. M. T. de. **O trabalho do assistente social nas organizações privadas não lucrativas**. 2009. Disponível em: <http://www.cressrn.org.br/files/arquivos/4UkPUxY8i39jY49rWvNM.pdf>. Acesso em: 28 jan. 2019.

ALMEIDA, S. S. A política de direitos humanos no Brasil: paradoxos e dilemas para o Serviço Social. **Revista Praia Vermelha**, Rio de Janeiro, n. 13, p. 12-43, 2005.

AMB – Articulação de Mulheres Brasileiras. Disponível em: <http://www.articulacaodemulheres.org.br/>. Acesso em: 30 jan. 2019.

ANTUNES, R. Dimensões da crise e metamorfoses do mundo do trabalho. **Serviço Social e Sociedade**, São Paulo, ano 17, n. 50, p. 78-86, abr. 1996.

APPLEBAUM, A. What The Occupy Protests Tell Us About the Limits of Democracy. **The Washington Post**, Oct. 17, 2011. Disponível em: <https://www.washingtonpost.com/opinions/what-the-occupy-protests-tell-us-about-the-limits-of-democracy/2011/10/17/gIQAay5YsL_story.html?noredirect=on&utm_term=.30e3ff21ea86>. Acesso em: 29 jan. 2019.

AVRITZER, L. Modelos de deliberação democrática: uma análise do orçamento participativo no Brasil. In: SANTOS, B. de S. (Org.). **Democratizar a democracia**: os caminhos da democracia participativa. Rio de Janeiro: Civilização Brasileira, 2002. p. 561-597.

BEHRING, E. R.; BOSCHETTI, I. **Política social**: fundamentos e história. 4. ed. São Paulo: Cortez, 2008.

BENEVIDES, M. V. **Cidadania e direitos humanos**. São Paulo: IEA, 2009. Disponível em: <http://www.iea.usp.br/publicacoes/textos/benevidescidadaniaedireitoshumanos.pdf>. Acesso em: 30 jan. 2019.

BEZERRA, J. **Neoliberalismo no Brasil**. Toda matéria. Disponível em: <https://www.todamateria.com.br/neoliberalismo-no-brasil/>. Acesso em: 28 jan. 2019a.

_____. **Plano Collor**. Toda matéria. Disponível em: <https://www.todamateria.com.br/plano-collor/>. Acesso em: 18 ago. 2019b.

BRASIL. Ato Institucional n. 5, de 13 de dezembro de 1968. **Diário Oficial da União**, Brasília, DF, 13 dez. 1968. Disponível em: <http://www.planalto.gov.br/ccivil_03/AIT/ait-05-68.htm>. Acesso em: 28 jan. 2019.

_____. Constituição (1824). **Livro 4° de Leis, Alvarás e Cartas Imperiaes**, Rio de Janeiro, 22 abr. 1824. Disponível em: <http://www.planalto.gov.br/ccivil_03/Constituicao/Constituicao24.htm>. Acesso em: 25 jan. 2019.

_____. Constituição (1891). **Diário Oficial [da] República dos Estados Unidos do Brasil**, Rio de Janeiro, DF, 24 fev. 1891. Disponível em: <http://www.planalto.gov.br/ccivil_03/Constituicao/Constituicao91.htm>. Acesso em: 28 jan. 2019.

_____. Constituição (1934). **Diário Oficial da União**, Rio de Janeiro, DF, 16 de julho de 1934. Disponível em: <http://www.planalto.gov.br/ccivil_03/Constituicao/Constituicao34.htm>. Acesso em: 28 jan. 2019.

_____. Constituição (1937). **Diário Oficial da União**, Rio de Janeiro, DF, 10 de novembro de 1937. Disponível em: <http://www.planalto.gov.br/ccivil_03/Constituicao/Constituicao37.htm>. Acesso em: 28 jan. 2019.

_____. Constituição (1946). **Diário Oficial da União**, Rio de Janeiro, DF, 19 de setembro de 1946. Disponível em: <http://www.planalto.gov.br/ccivil_03/Constituicao/Constituicao46.htm>. Acesso em: 28 jan. 2019.

_____. Constituição (1967). **Diário Oficial da União**, Brasília, DF, 24 de janeiro de 1967. Disponível em: <http://www.planalto.gov.br/ccivil_03/Constituicao/Constituicao67.htm>. Acesso em: 28 jan. 2019.

_____. Constituição (1988). **Diário Oficial da União**, Brasília, DF, 5 out. 1988. Disponível em: <http://www.planalto.gov.br/ccivil_03/Constituicao/Constituicao.htm>. Acesso em: 25 jan. 2019.

_____. Lei n. 8.662, de 7 de junho de 1993. **Diário Oficial da União**, Poder Legislativo, Brasília, DF, 8 jul. 1993. Disponível em: <http://www.planalto.gov.br/ccivil_03/leis/L8662.htm>. Acesso em: 30 jan. 2019.

_____. Lei n. 12.846, de 1° de agosto de 2013. **Diário Oficial da União**, Poder Legislativo, Brasília, DF, 2 ago. 2013a. Disponível em: <http://www.planalto.gov.br/ccivil_03/_ato2011-2014/2013/lei/l12846.htm>. Acesso em: 29 jan. 2019.

BRASIL. Lei n. 13.019, de 31 de julho de 2014. **Diário Oficial da União**, Poder Legislativo, Brasília, DF, 1º ago. 2014. Disponível em: <http://www.planalto.gov.br/ccivil_03/_Ato2011-2014/2014/Lei/L13019.htm>. Acesso em: 28 jan. 2019.

_____. Lei Complementar n. 135, de 4 de junho de 2010. **Diário Oficial da União**, Poder Legislativo, Brasília, DF, 7 jun. 2010a. Disponível em: <http://www.planalto.gov.br/ccivil_03/Leis/LCP/Lcp135.htm>. Acesso em: 28 jan. 2019.

BRASIL. Ministério da Cidadania. Secretaria Especial do Desenvolvimento Social. **Participação e controle social**. 2015. Disponível em: <http://mds.gov.br/assuntos/bolsa-familia/o-que-e/participacao-e-controle-social>. Acesso em: 28 jan. 2019.

BRASIL. Ministério do Desenvolvimento Social e Combate à Fome. Conselho Nacional de Assistência Social. Resolução n. 16, de 5 de maio de 2010. **Diário Oficial da União**, Poder Executivo, Brasília, DF, 19 maio. 2010b. Disponível em: <http://www.mds.gov.br/cnas/legislacao/resolucoes/arquivos-2010/cnas-2010-016-05-05-2010.pdf/download>. Acesso em: 28 jan. 2019.

BRASIL. Ministério do Planejamento, Orçamento e Gestão. Secretaria de Gestão Pública. **Programa Gespública**: participação e controle social – instrumentos jurídicos e mecanismos institucionais. Brasília: MP; Segep, 2013b. Disponível em: <https://bit.ly/2CNe0Xm>. Acesso em: 28 jan. 2019.

BRASIL. Secretaria Especial de Direitos Humanos da Presidência da República. **Programa Nacional de Direitos Humanos**. Brasília, 2010c. Disponível em: <https://terradedireitos.org.br/wp-content/uploads/2010/01/pndh31.pdf>. Acesso em: 31 jan. 2019.

BRAVO, M. I. S. **O trabalho do assistente social nas instâncias públicas de controle democrático**. 2009. Disponível em: <http://www.cressrn.org.br/files/arquivos/9IN2mnNP98m5WmPos4l3.pdf>. Acesso em: 30 jan. 2019.

CALVI, K. U. O controle social nos conselhos de políticas e de direitos. **Emancipação**, Ponta Grossa, v. 8, n. 1, p. 9-20, jan./jun. 2008. Disponível em: <http://www.revistas2.uepg.br/index.php/emancipacao/article/download/111/109>. Acesso em: 30 jan. 2019.

CARDON, D. **A democracia internet**: promessas e limites. Rio de Janeiro: Forense Universitária, 2012.

CARDOSO, F. G.; LOPES, J. B. **O trabalho do assistente social nas organizações da classe trabalhadora.** 2009. Disponível em: <http://www.cressrn.org.br/files/arquivos/7td9938a021b2W55LR0Y.pdf>. Acesso em: 30 jan. 2019.

CARDOSO, L. R. **Segunda Guerra Mundial**. InfoEscola. Disponível em: <https://www.infoescola.com/historia/segunda-guerra-mundial/>. Acesso em: 24 jan. 2019.

CASTELLS, M. **Redes de indignação e esperança**: movimentos sociais na era da internet. Tradução de Carlos Alberto Medeiros. Rio de Janeiro: Zahar, 2013.

CAVALLI, A. Classe. In: BOBBIO, N.; MATTEUCI, N.; PASQUINO, G. **Dicionário de política**. Tradução de Carmen C. Varriale et al. Brasília: Ed. da UnB, 1998. v. 1. p. 169-175.

CFESS – Conselho Federal de Serviço Social (Org.). **Assistentes sociais no Brasil**: elementos para estudo do perfil profissional. Brasília; Maceió: Ucfess; Ufalcress, 2005.

_____. **Código de Ética do/a Assistente Social**: Lei 8662/93 de regulamentação da profissão. 10. ed. rev. e atual. Brasília: Cfess, 2012. Disponível em: <http://www.cfess.org.br/arquivos/CEP_CFESS-SITE.pdf>. Acesso em: 30 jan. 2019.

CFESS – Conselho Federal de Serviço Social. COFI – Comissão de Fiscalização do Cfess. **Práticas terapêuticas no âmbito do serviço social**: subsídios para aprofundamento do estudo. Brasília, 2008.

CGU – Controladoria-Geral da União. **Olho vivo no dinheiro público**: um guia para o cidadão garantir os seus direitos. Brasília, 2005.

_____. **Olho vivo no dinheiro público**: um guia para o cidadão garantir os seus direitos. 2. ed. Brasília, 2009.

CICONELLO, A. **Direitos humanos são construções históricas e resultados de lutas.** 26 mar. 2010. Disponível em: <http://www.

inesc.org.br/biblioteca/publicacoes/artigos/direitos-humanos-sao-construcoes-historicas-e-resultado-de-luta>. Acesso em: 27 ago. 2018.

CRESS-SP – Conselho Regional de Serviço Social de São Paulo. **Princípios fundamentais do Código de Ética.** Disponível em: <http://cress-sp.org.br/direitos/wp-content/uploads/2016/05/banner_principios_80x100.pdf>. Acesso em: 29 ago. 2018.

DIÁLOGOS DO SUL. **IFC**: Instituto de Fiscalização e Controle lança "Olho nas emendas". 12 jul. 2013. Disponível em: <https://dialogosdosulbrasil.wordpress.com/category/politicas-publicas-2/sociedade-civil/ifc/>. Acesso em: 29 jan. 2019.

DUARTE, D. **Procedimentalização, participação e fundamentação**: para uma concretização do princípio da imparcialidade administrativa como parâmetro decisório. Coimbra: Almedina, 1996.

ENGELS, F. **Carta a Karl Marx.** 1934. Disponível em: <https://www.marxists.org/espanol/m-e/cartas/e1847-11-23.htm>. Acesso em: 30 jan. 2019.

ENGELS, F.; MARX, K. **Obras escolhidas.** Lisboa: Avante, 1985. v. 3.

FABER, M. **História ilustrada do feudalismo.** 2011. Disponível em: <http://www.historialivre.com/medieval/feudalismo.pdf>. Acesso em: 25 jan. 2019.

FERREIRA, D. **Manual de sociologia**: dos clássicos à sociedade da informação. 2. ed. São Paulo: Atlas, 2003.

FERREIRA, P. R. Política e sociedade: as formas de Estado. In: TOMAZI, N. D. (Org.). **Iniciação à sociologia.** São Paulo: Atual, 1993. p. 131-172.

FRANK, A. G.; FUENTES, M. Dez teses acerca dos movimentos sociais. **Lua Nova**, São Paulo, n. 17, jun. 1989. Disponível em: <http://www.scielo.br/scielo.php?script=sci_arttext&pid=S0102-64451989000200003>. Acesso em: 30 jan. 2019.

FREDERICO, C. Classes e lutas sociais. In: CFESS – Conselho Federal de Serviço Social (Org.). **Serviço Social**: direitos sociais e competências profissionais. Brasília: Cfess, 2009. p. 255-266.

GARCIA, M. A.; VIEIRA, M. A. (Org.). **Rebeldes e contestadores 1968**: Brasil/França/Alemanha. São Paulo: Perseu Abramo, 1999.

GASPARETTO JUNIOR, A. **Estado de bem-estar social.** InfoEscola. Disponível em: <https://www.infoescola.com/sociedade/estado-de-bem-estar-social/>. Acesso em: 24 jan. 2019.

GIDDENS, A. **Sociologia**. 6. ed. Lisboa: Fundação Calouste Gulbenkian, 2001.

GOHN, M. da G. 500 anos de lutas sociais no Brasil: movimentos sociais, ONGs e terceiro setor. **Mediações**, Londrina, v. 5, n. 1, p. 11-40, jan./jun. 2000a. Disponível em: <http://www.uel.br/revistas/uel/index.php/mediacoes/article/download/9194/7788>. Acesso em: 29 jan. 2019.

_____. **Educação não formal e o educador social**: atuação no desenvolvimento de projetos sociais. São Paulo: Cortez, 2010a.

_____. **História dos movimentos e lutas sociais**: a construção da cidadania dos brasileiros. São Paulo: Loyola, 1995.

_____. _____. 3. ed. São Paulo: Loyola, 2003.

_____. **Movimentos sociais e redes de mobilizações civis no Brasil contemporâneo.** Petrópolis: Vozes, 2010b.

_____. Movimentos sociais na contemporaneidade. **Revista Brasileira de Educação**, v. 16, n. 47, p. 333-362, maio/ago. 2011. Disponível em: <http://www.scielo.br/pdf/rbedu/v16n47/v16n47a05.pdf>. Acesso em: 30 jan. 2019.

_____. Sociedade civil no Brasil: movimentos sociais e ONGs. **Nómadas**, Bogotá, n. 20, p. 140-150, abr. 2004. Disponível em: <http://nomadas.ucentral.edu.co/nomadas/pdf/nomadas_20/20_12G_Sociedadecivil.pdf>. Acesso em: 30 jan. 2019.

_____. Sociedade civil no Brasil: movimentos sociais e ONGs. **Meta: Avaliação**, Rio de Janeiro, v. 5, n. 14, p. 238-253, maio/ago. 2013. Disponível em: <http://repositorio.unicamp.br/bitstream/REPOSIP/88583/1/2-s2.0-84888118760.pdf>. Acesso em: 29 jan. 2019.

GOHN, M. da G. **Sociologia dos movimentos sociais.** 2. ed. São Paulo: Cortez, 2014. (Questões da nossa época, 47).

_____. **Teoria dos movimentos sociais**: paradigmas clássicos e contemporâneos. 2. ed. São Paulo: Loyola, 2000b.

GONÇALVES, E. de F. M.; FERREIRA, G. G. As lutas sociais no Brasil: da ditadura ao governo Lula. In: SIMPÓSIO INTERNACIONAL LUTAS SOCIAIS NA AMÉRICA LATINA, 5., 2013, Londrina. **Anais...** Londrina: Gepal, 2013. p. 31-42. Disponível em: <http://www.uel.br/grupo-pesquisa/gepal/v3_em%EDlia_e_grabrielle_GV.pdf>. Acesso em: 28 jan. 2019.

GORENDER, J.; ALMEIDA, J. de. **Manual de economia política.** Rio de Janeiro: Vitória, 1961.

GOSS, K. P.; PRUDENCIO, K. O conceito de movimentos sociais revisitado. **Em Tese**, Florianópolis, v. 2, n. 1, p. 75-91, jan./jul. 2004. Disponível em: <https://periodicos.ufsc.br/index.php/emtese/article/view/13624>. Acesso em: 29 jan. 2019.

GRAU, N. C. Modelos de controle e de participação sociais existentes na Administração **Pública federal.** In: ANTERO, S. A.; SALGADO, V. A. B. (Org.). **Participação social**: textos para discussão. Brasília: Iabs, 2010. p. 143-320.

GRUPPI, L. **Tudo começou com Maquiavel**: as concepções de Estado em Marx, Engels, Lênin e Gramsci. Tradução de Dario Canali. Porto Alegre: L&PM, 1980.

HIRANO, S. **Castas, estamentos e classes sociais.** São Paulo: Alfa-Omega, 1974.

HOUAISS, A.; VILLAR, M. de S. **Dicionário eletrônico Houaiss da língua portuguesa.** Versão 3.0. Rio de Janeiro: Instituto Antônio Houaiss; Objetiva, 2009. 1 CD-ROM.

IAMAMOTO, M. V; CARVALHO, R. Projeto profissional, espaços ocupacionais e trabalho do (a) assistente social na atualidade. In: CFESS – Conselho Federal de Serviço Social. **Atribuições privativas do(a) assistente social em questão.** Brasília: Cfess, 2002. p. 13-50.

_____. **Renovação e conservadorismo no serviço social.** São Paulo: Cortez, 2004.

IFC – Instituto de Fiscalização e Controle. Disponível em: <https://www.ifc.org.br/>. Acesso em: 29 jan. 2019.

IGLÉSIAS, F. **A Revolução Industrial.** São Paulo: Brasiliense, 1981.

LAMBERTUCCI, A. R. A participação social no governo Lula. In: AVRITZER, L. (Coord.). **Experiências nacionais de participação social.** São Paulo: Cortez, 2009. p. 70-89.

LÊNIN, V. I. As três fontes e as três partes constitutivas do marxismo. In: ____. **Obras escolhidas**. Lisboa: Avante; Moscovo: Progresso, 1977. p. 35-39.

____. **O Estado**. 11 jul. 1919. Disponível em: <https://www.marxists.org/portugues/lenin/1919/07/11_ga.htm>. Acesso em: 30 jan. 2019.

MAB – Movimento dos Atingidos por Barragens. Disponível em: <http://www.mabnacional.org.br/>. Acesso em: 29 jan. 2019.

MARX, K.; ENGELS, F. **A ideologia alemã**: primeiro capítulo (1845/1846). [S.l.]: Ridendo Castigat. 1999. Livro eletrônico. Disponível em: <http://www.ebooksbrasil.org/adobeebook/ideologiaalema.pdf>. Acesso em: 25 jan. 2019.

MATOS, M. Direitos humanos: contextualização e histórico. **O trabalho intersetorial e os direitos de cidadania: experiências comentadas**, Belo Horizonte, v. 3, p. 10-12, dez. 2006.

MAYER, K. B. **Classe e sociedade**. Rio de Janeiro: Bloch, 1967.

MCCE – Movimento de Combate à Corrupção Eleitoral. **O que é**. Disponível em: <http://www.mcce.org.br/>. Acesso em: 29 jan. 2019.

MEDEIROS, A. M. **Movimentos sociais**. 2014. Disponível em: <https://www.sabedoriapolitica.com.br/ci%C3%AAncia-politica/movimentos-sociais/>. Acesso em: 29 jan. 2019.

MELLO, T. de. **Estado liberal**. Educação. Disponível em: <http://educacao.globo.com/sociologia/assunto/organizacao-social/estado-liberal.html>. Acesso em: 24 jan. 2019.

MESQUITA NETO, P. de. Programa nacional de direitos humanos: continuidade ou mudança no tratamento dos direitos humanos. **Revista CEJ**, v. 1, n. 1, p. 82-91, jan./abr. 1997. Disponível em: <http://www.jf.jus.br/ojs2/index.php/revcej/article/viewArticle/72/114>. Acesso em: 30 jan. 2019.

MÉSZÁROS, I. As manifestações pela Europa. **Carta Capital**, Política, 23 jun. 2011. Disponível em: <http://www.cartacapital.com.br/politica/manifestacoes-pela-europa>. Acesso em: 26 out. 2018.

MONTAÑO, C. **Terceiro setor e questão social**: crítica ao padrão emergente de intervenção social. São Paulo: Cortez, 2002.

MORONI, J. A. O direito à participação no governo Lula. In: AVRITZER, L. (Coord.). **Experiências nacionais de participação social**. São Paulo: Cortez, 2009. p. 107-141.

MPA – Movimento dos Pequenos Agricultores. Disponível em: <http://mpabrasil.org.br/>. Acesso em: 28 jan. 2019.

MST – Movimento dos Trabalhadores Rurais sem Terra. **Quem somos**. Disponível em: <http://www.mst.org.br/quem-somos/>. Acesso em: 28 jan. 2019.

MTST – Movimento dos Trabalhadores Sem Teto. **Quem somos**. Disponível em: <http://www.mtst.org/quem-somos/>. Acesso em: 28 jan. 2019.

MURER, R. **O que é ciberativismo**. 29 jul. 2013. Disponível em: <https://webinsider.com.br/o-que-e-ciberativismo/>. Acesso em: 29 jan. 2019.

OJEDA, I. A complexa relação entre Estado e ONGs. **Desafios do desenvolvimento**, São Paulo, ano 9, n. 71, 8 maio 2012. Disponível em: <http://www.ipea.gov.br/desafios/index.php?option=com_content&view=article&id=2727:catid=28&Itemid=23>. Acesso em: 28 jan. 2019.

OLIVEIRA, A. V. Repensando os valores da Revolução Francesa nas sociedades plurais: um debate entre Erhard Denninger e Jürgen Habermas. **Caderno de Estudos Constitucionais**: teoria constitucional contemporânea e seus impasses, Rio de Janeiro, ano 11, n. 1, 2005.

OLIVEIRA, P. S. de. **Introdução à sociologia**. 17. ed. São Paulo: Ática, 1997.

PAULO NETTO, J. Estado e "questão social" no capitalismo dos monopólios. In: _____. **Capitalismo monopolista e serviço social**. São Paulo: Cortez, 1996. p. 19-34.

PELLEGRINI, M. Direitos humanos: Brasil é um país contraditório, diz Anistia Internacional. **Carta Capital**, Política, 22 maio 2013. Disponível em: <http://www.cartacapital.com.br/politica/anistia-

internacional-aponta-brasil-como-pais-contraditorio-em-relatorio-9672.html>. Acesso em: 26 out. 2018.

PENA, R. F. A. **Capitalismo informacional**. Mundo Educação. Disponível em: <https://mundoeducacao.bol.uol.com.br/geografia/capitalismo-informacional.htm>. Acesso em: 25 jan. 2019.

PEREIRA, P. A. P. Discussões conceituais sobre política social como política pública e direito de cidadania. In: BOSCHETTI, I. et al. (Org.). **Política social no capitalismo**: tendências contemporâneas. 2. ed. São Paulo, 2009. p. 87-108.

PINHEIRO, J. As classes trabalhadoras em movimento: alguns aspectos teóricos. **Lutas Sociais**, São Paulo, n. 17/18, p. 130-142, 2007 Disponível em: <https://revistas.pucsp.br/ls/article/download/18774/13960>. Acesso em: 28 jan. 2019.

PIRES, R.; VAZ, A. **Participação social como método de governo?**: um mapeamento das "interfaces socioestatais" nos programas federais. Rio de Janeiro: IPEA, 2012. Disponível em: <http://www.ipea.gov.br/portal/images/stories/PDFs/TDs/td_1707.pdf>. Acesso em: 19 fev. 2019.

PRIESTLAND, D. **Uma nova história do poder**: comerciante, guerreiro, sábio. São Paulo: Companhia das Letras, 2014.

RAICHELIS, R.; ROSA, C. Considerações a respeito da prática do serviço social em movimentos sociais: fragmentos de uma experiência. **Serviço Social & Sociedade**, São Paulo, n. 8, ano 3, mar. 1982.

REIS FILHO, D. A. **As revoluções russas e o socialismo soviético**. São Paulo: Ed. da Unesp, 2004.

SACCOMANI, E. Fascismo. In: BOBBIO, N.; MATTEUCI, N.; PASQUINO, G. **Dicionário de política**. Tradução de Carmen C. Varriale et al. Brasília: Ed. da UnB, 1998. v. 1. p. 466-475.

SADER, E. **Quando novos personagens entraram em cena**. Rio de Janeiro: Paz e Terra, 1988.

SANCHEZ MÓRON, M. **La participación del ciudadano en la administración pública**. Madrid: Centro de Estudios Constitucionales, 1980.

SANTOS, B. de S. **Pela mão de Alice**: o social e o político na pós-modernidade. 9. ed. São Paulo: Cortez, 2003.

SCHERER-WARREN, I. A política dos movimentos sociais para o mundo rural. **Estudos Sociedade e Agricultura**, Rio de Janeiro, v. 15, n. 1, p. 5-22, 2007a.

_____. Das mobilizações às redes de movimentos sociais. **Sociedade e Estado**, Brasília, v. 21, n. 1, p. 109-130, jan./abr. 2006. Disponível em: <http://www.scielo.br/scielo.php?script=sci_arttext&pid=S0102-69922006000100007>. Acesso em: 28 jan. 2019.

_____. Movimentos sociais na atualidade. In: WEBER, B. T.; KONRAD, D. A. (Org.). **Visões do mundo contemporâneo**: caminhos, mitos e muros. Santa Maria: Facos; UFSM, 2007b. p. 147-162.

_____. Movimentos sociais no Brasil contemporâneo. **História: Debates e Tendências**, Passo Fundo, v. 7, n. 1, p. 9-21, jan./jun. 2007c.

_____. **Movimentos sociais**: um ensaio de interpretação sociológica. Florianópolis: Ed. da UFSC, 1984. (Série Didática).

_____. **Redes de movimentos sociais**. São Paulo: Loyola, 1993.

SEBRAE – Serviço Brasileiro de Apoio às Micro e Pequenas Empresas. **O que é organização da sociedade civil de interesse público**: Oscip. Disponível em: <http://www.sebrae.com.br/sites/PortalSebrae/bis/oscip-organizacao-da-sociedade-civil-de-interesse-publico,554a15bfd0b17410VgnVCM1000003b74010aRCRD>. Acesso em: 28 jan. 2019.

SILVA, M. de S.; ALCANTARA, P. I. (Coord.). **O direito de aprender**: potencializar avanços e reduzir desigualdades. Brasília: Unicef, 2009. Disponível em: <https://www.unicef.org/sitan/files/Brazil_SitAn_2009_The_Right_to_Learn.pdf>. Acesso em: 30 jan. 2019.

SILVA, M. V. Ética, direitos humanos e o projeto ético-político do serviço social. **Revista Praia Vermelha**, n. 11, p. 196-208, 2004.

SÔLHA, H. L. 'Media' e as manifestações de junho: controle e disputa. **Observatório da Imprensa**, São Paulo, n. 769, 22 out. 2013.

SOUZA, C. H. L. de. **Partilha de poder decisório em processos participativos nacionais**. 152 f. Dissertação (Mestrado em Ciência Política) – Universidade de Brasília, 2008. Disponível em: <http://www.ipea.gov.br/participacao/images/pdfs/participacao/souza_clovis_mestrado_partilha_poder_decisorio_processos_participativos_nacionais.pdf>. Acesso em: 30 jan. 2019.

SOUZA, C. M. de; MACHADO, A. C. **Movimentos sociais no Brasil contemporâneo**. São Paulo: Loyola, 1997.

STAVENHAGEN, R. Estratificação social e estrutura de classes. In: VELHO, G. et al. **Estrutura de classes e estratificação social**. Rio de Janeiro: Zahar, 1973. p. 133-170.

TOCANTINS. Ministério Público. **Leis que garantem direitos humanos no Brasil**. Disponível em: <http://mpto.mp.br/intranet/caopdh/Outros/Leis%20que%20garantem%20os%20Direitos%20Humanos%20no%20Brasil.pdf>. Acesso em: 30 jan. 2019.

TOMAZI, N. D. (Org.). **Iniciação à sociologia**. São Paulo: Atual, 1993.

UNE – União Nacional dos Estudantes. Disponível em: <http://www.une.org.br/a-une/>. Acesso em: 28 jan. 2019.

UNESCO – Organização das Nações Unidas para a Educação, a Ciência e a Cultura. **Declaração Universal dos Direitos Humanos**. Brasília, 1998. Disponível em: <http://unesdoc.unesco.org/images/0013/001394/139423por.pdf>. Acesso em: 30 jan. 2019.

VILLAS BÔAS, B. Estudos apontam que até 900 mil pessoas deixaram as classes A e B. **Valor Econômico**, 10 maio 2018. Disponível em: <https://www.valor.com.br/brasil/5515501/estudos-apontam-que-ate-900-mil-pessoas-deixaram-classes-e-b>. Acesso em: 25 jan. 2019.

ZANETTI, L. A; LUVIZOTTO, C. K. Impacto da internet para as redes sociais e para a abordagem da mídia tradicional. **Colloquium Humanarum**, Presidente Prudente, v. 11, n. 3, p. 102-109, set./dez. 2014. Disponível em: <http://revistas.unoeste.br/index.php/ch/article/view/1225/1293>. Acesso em: 29 jan. 2019.

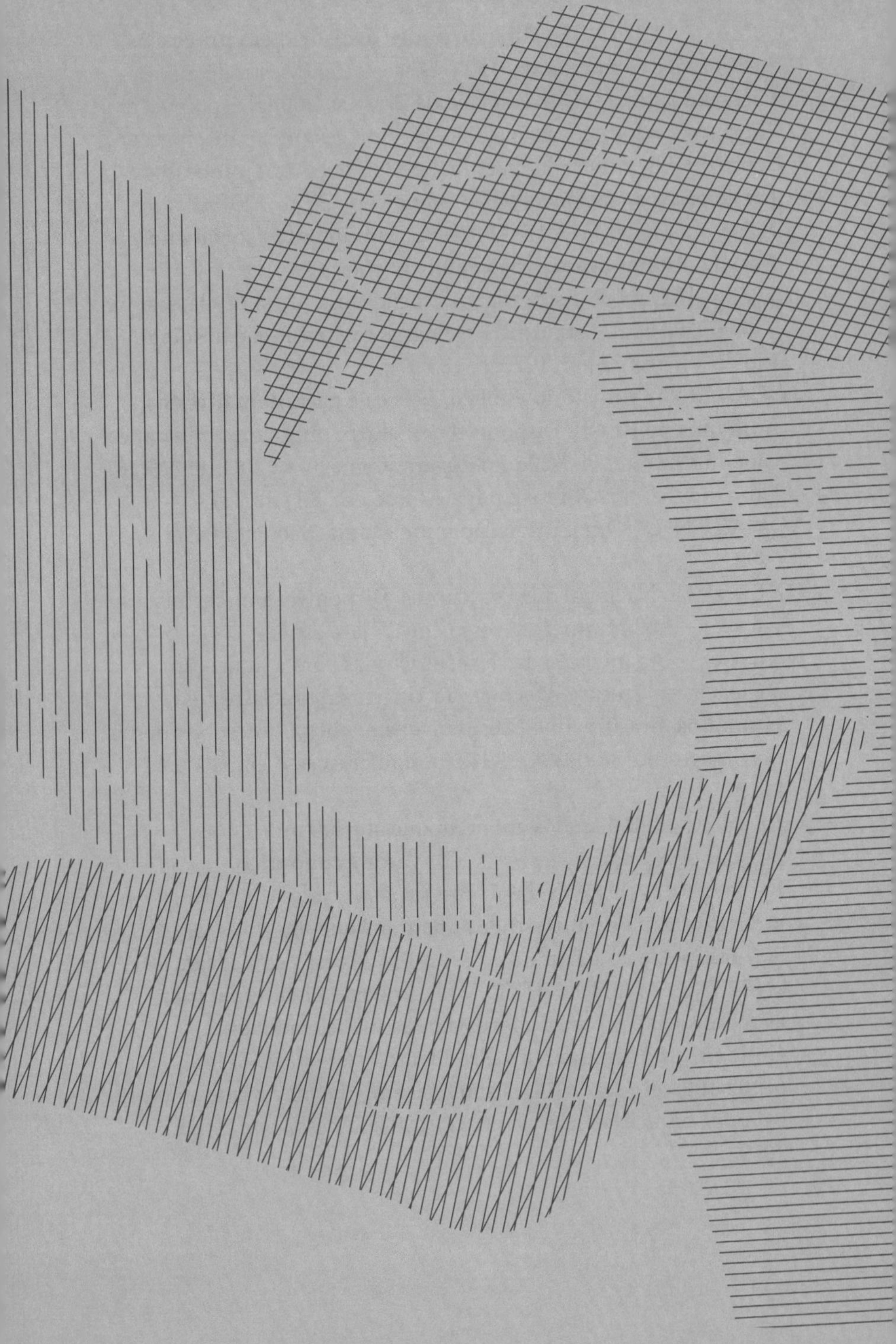

Respostas

Capítulo 1

1. b
2. a
3. c
4. Não. Podemos dizer que ambos existem concomitantemente na sociedade e até mesmo colaboram entre si. De um lado, as redes e a informação regem a sociedade, de modo que a tecnologia é elemento central no dia a dia das pessoas e tem um viés lucrativo muito amplo; de outro, sociedade ainda tem poderio bancário e permanece com todas as características do capitalismo financeiro, como fusão de empresas, foco no lucro, concorrência etc.
5. Como vimos no decorrer do capítulo, o Estado de bem-estar social tinha o pressuposto de defender o desenvolvimento do mercado ao mesmo tempo

que lançava políticas públicas para proteger os interesses da população. Ou seja, cabia ao Estado prover condições mínimas de vida à população, garantir emprego e legalizar os movimentos dos trabalhadores. No entanto, alguns países passaram a alegar que era oneroso demais para o Estado manter todos os benefícios dos cidadãos e que não havia recursos para sustentar esse modelo, principalmente sob pressão de grandes empresas para a privatização de bens estatais – com o ideário de que a culpa da crise estava nos altos investimentos públicos em políticas sociais – passou-se a defender novamente o Estado mínimo.

Capítulo 2

1. b
2. a
3. a
4. A diferença é que uma ONG não corresponde a uma natureza jurídica, ou seja, é uma entidade que trabalha em prol do interesse público de forma não vinculada ao governo. Por sua vez, uma Oscip (que pode ser uma fundação, uma associação ou até mesmo uma ONG) precisa ter reconhecimento governamental. Dessa forma, uma ONG, para existir, não precisa de aprovação de nenhuma esfera do governo, enquanto uma Oscip precisa de liberação do Ministério da Justiça.
5. Ao longo da história do Brasil, os movimentos sociais tiveram fundamentação social que abarcavam uma coletividade, impulsionados por questões como luta por terras, posicionamento contra uma imposição cultural e denúncia de desigualdades sociais ou de sistemas políticos corruptos. Na maioria das vezes, a nuance predominante para que esses movimentos acontecessem foi a presença da massa trabalhadora da época, o que nos leva a pensar que os questionamentos, isto é, os levantes das revoltas, tinham também um viés de postura ideológica, na qual a luta de classes é central.

Capítulo 3

1. c
2. d
3. c
4. Os movimentos que nascem das interações na internet são, de maneira geral, menos reivindicativos e mais propositivos, não se limitando ao voto, mas participando da vida em sociedade, compreendendo sujeitos que, embora tenham diferentes ideários, articulam-se para organizar mobilizações. Com a internet, os movimentos sociais ganham força, mas de maneiras diferentes. Os sujeitos, em prol de interesses em comum, podem se organizar em eventos criados nas redes e promover discussões em tempo real acerca do tema. Esse novo mecanismo da protestos e manifestações, impulsionado e organizado por meio de tecnologias de informação e comunicação, é chamado de *ciberativismo*.
5. Não podemos fazer essa afirmação. Nem toda a classe trabalhadora ou a classe burguesa se organiza em movimentos sociais. Além disso, em determinada luta por alguma demanda, pode haver indivíduos que pertençam identitariamente a uma ou a outra classe. Assim, os movimentos sociais não decorrem, necessariamente, das classes sociais, mas de um interesse comum. Apesar disso, é claro que, por tornar públicas as condições e as questões de determinadas pautas que englobam toda a sociedade, a classe trabalhadora sofre mais impacto e fica em maior evidência, de forma que é comum vermos os movimentos sociais tratarem de assuntos correlatos e pertencentes a essa classe.

Capítulo 4

1. d
2. c
3. a

4. *Participação social* se refere ao processo no qual os cidadãos encontram espaços em que podem ser ouvidos e opinar acerca de políticas públicas, e isso é importantíssimo, uma vez que é apenas por meio da voz da população que tais políticas podem efetivamente atender às necessidades e aos interesses coletivos. *Controle social*, por sua vez, é o processo por meio do qual a população (ou representantes dela) pode fiscalizar as ações do Estado e inclusive, pedir prestação de contas, de forma que é possível verificar onde o dinheiro está sendo investido e se ele está sendo bem empregado.

5. Os conselhos e as conferências têm a função de ampliar a democracia representativa tornando-a participativa, intensificando discussões e deliberações acerca das políticas públicas e possibilitando que a população tenha acesso a seus direitos.

Sobre a autora

Edyane Silva de Lima é graduada em Serviço Social pela Universidade Estadual do Oeste do Paraná (Unioeste); especialista em Fundamentos do Trabalho do Assistente Social e em Planejamento Municipal e Políticas Públicas pela Universidade Estadual de Maringá (UEM); e mestra em Educação pela UEM. Lecionou no curso de Serviço Social da Universidade Paranaense (Unipar) e integra o Comitê de Saúde Mental e Enfrentamento às Violências, do município de Assis Chateaubriand, no Paraná. Atualmente, desempenha a função de assistente social na prefeitura do município de Assis Chateaubriand. É autora da obra *Violência sexual contra a criança: contributos para a formação docente* e tem experiência em políticas de assistência social e de saúde e em serviços de média e de alta complexidade.

Os papéis utilizados neste livro, certificados por instituições ambientais competentes, são recicláveis, provenientes de fontes renováveis e, portanto, um meio sustentável e natural de informação e conhecimento.

FSC
www.fsc.org
MISTO
Papel produzido a partir de fontes responsáveis
FSC® C114026

Impressão: Optagraf

Dezembro / 2019